TRANSE E MEDIUNIDADE

© 1998 by L. Palhano Jr.

Direitos de publicação cedidos pelo autor ao

INSTITUTO LACHÂTRE
Rua Dom Bosco, 44, Mooca – CEP 03105-020
São Paulo – SP
Telefone: 11 2277-1747
Site: www.lachatre.org.br
E-mail: editora@lachatre.org.br

CAPA

ANDREI POLESSI

3ª edição – Abril de 2021
3ª Reimpressão

A reprodução parcial ou total desta obra, por qualquer meio, somente será permitida com a autorização por escrito da Editora.
(Lei nº 6896 de 17.12.1980)

Impresso no Brasil
Presita en Brazilo

CIP-Brasil. Catalogação na fonte
Sindicato Nacional dos Editores de Livros, RJ

P166t Palhano Júnior, Lamartine, 1946-2000.
Transe e mediunidade: instruções espíritas para prática da mediunidade / L. Palhano Jr. – São Paulo, SP : Instituto Lachatre, 2021, 3ª Edição, 3ª reimpressão.
160p.

1. Espiritismo. 2.Transe. 3.Mediunidade. 4.Varredura mediúnica. 5.Meditação. I.Título.

CDD 133.9   CDU 133.7

L. PALHANO JR.

TRANSE E MEDIUNIDADE

*INSTRUÇÕES ESPÍRITAS
PARA A PRÁTICA DA MEDIUNIDADE*

OBJETIVO

Alcançar melhor entendimento da mediunidade em suas bases psíquicas, considerando os seus mecanismos e aplicabilidade.

SUMÁRIO

APRESENTAÇÃO, p. 9
INTROITO – AS FORÇAS MEDIANÍMICAS, p. 13
INTRODUÇÃO, p. 17
CAPÍTULO 1 – O UNIVERSO HUMANO, p. 23
Espírito, perispírito e corpo. Saúde perfeita.

CAPÍTULO 2 – PERSONISMO, p. 29
Indivíduo, individuação, individualidade. Personalidade. Autoconhecimento. Influência do organismo.

CAPÍTULO 3 – ANIMISMO, p. 37
Fenômenos anímicos. Mediunismo. Os fenômenos espíritas.

CAPÍTULO 4 – TRANSE, p. 43
Graus de intensidade do transe. Graus de dissociação do transe. Duração do transe. Natureza do transe. As formas do transe.

CAPÍTULO 5 – MEDIUNIDADE, p. 51
Médiuns. Mediunismo. Passividade mediúnica. Desenvolvimento da mediunidade. Campo psíquico. Corrente mental. O controle da força. Variedades das formas mediúnicas.

CAPÍTULO 6 – MÉDIUNS, p. 59
Fenômenos telepáticos. Médiuns telepáticos. Médiuns intuitivos, inspirados, de pressentimentos, proféticos. Médiuns psicosensoriais, motores, psicodissociativos, de efeitos físicos, curadores.

CAPÍTULO 7 – MEDITAÇÃO, p. 89
Relaxamento. Concentração mental. Expansão da mente.

CAPÍTULO 8 – MEDITAÇÃO E TRANSE MEDIÚNICO, p. 95
Controle mental. Efeitos psicofisiológicos da meditação. Meditação ativa e passiva.

CAPÍTULO 9 – **MEDITAÇÃO E ESTADOS DE CONSCIÊNCIA**, p. 101
Vibrações mentais. Níveis energéticos da consciência. Meditação e respiração. Respiração completa. Meditação espírita. Percepções e canais psíquicos. Transe canalizado.

CAPÍTULO 10 – **VARREDURA MEDIANÍMICA**, p. 115
Canais mediúnicos. Percepções da alma. Varredura anímica.

CAPÍTULO 11 – **AUTODEFESA**, p. 125
Meditação, vigilância e oração. Auto-conhecimento. Choque psíquico. Reunião de apoio e sustentação espiritual. Autoavaliação do grupo.

CAPÍTULO 12 – **MEDIUNIDADE E MAGNETISMO**, p. 129
A energia da prece. Formação do campo psíquico. Caderno de preces. O passe. Autoenergização. A água como veículo energético.

CONCLUSÃO, p. 139

BIBLIOGRAFIA, p.143

O AUTOR, p. 145

Apresentação

A tarefa de apresentar este trabalho que hoje o prof. Palhano coloca nas mãos dos espíritas levou-nos a rememorar os fatos que deram origem a ele. A fonte de onde provém este e muitos outros trabalhos foi, sem dúvida alguma, a Fespe. Muitos não têm ideia do significado dessa sigla, nem das realizações dessa instituição que durante quase dez anos deu um dinamismo especial ao movimento espírita no Espírito Santo, tendo ultrapassado os limites do estado e até do país, para alcançar companheiros em várias partes do mundo.

A Fundação Espírito-Santense de Pesquisa Espírita – Fespe – foi uma instituição espírita *sui generis*, porque não era um centro espírita ou um instituto, mas uma entidade, cujos objetivos principais se endereçavam exclusivamente à pesquisa e à divulgação do espiritismo; uma instituição fomentadora do pensamento espírita em todos os seus aspectos, portanto. Sua criação partiu da união de nove companheiros: Lamartine Palhano Júnior, Walace Fernando Neves, Mário Alberto Pereira de Castro Júnior, Amira Mattar Pereira de Castro, Elza Valadão Archanjo, Hélio Bergo, Maria Yonnita Feitosa de Aguiar, Júlio David Archanjo, Dalva Silva Souza e José Eustáquio Drumond. Procedentes de diversas casas espíritas, uniram-se eles pelo ideal de gerar um mecanismo capaz de incentivar a produção de pesquisas e divulgação das ideias espíritas. Em seus poucos anos de trabalho, a Fespe compôs um considerável acervo de produções dentro do movimento espírita estadual nacional e expandiu-se para o exterior, tendo em vista a sua participação no Congresso Mundial de Espiritismo, em Madrid (Nov. 1992), representado por diversos companheiros colaboradores e pela apresentação, entre outros, do trabalho *Espiritismo: religião natural*, em três idiomas.

A Federação Espírita do Estado do Espírito Santo – FEEES – primeiro sob a presidência do sr. Alcino Pereira e depois do prof. Júlio David Archanjo, percebendo a importância da proposta da FESPE, solicitou que se tornasse uma entidade adesa e que fosse o "braço científico" da FEEES, segundo as palavras do seu presidente na época, o prof. dr. Júlio David Archanjo. As duas instituições atuaram de maneira conjunta, para atingir o objetivo de unificação efetiva do movimento espírita no estado. Como exemplo disso, podemos apontar a participação decisiva da FESPE na estruturação do I e do II Congressos Espíritas do Estado, realizados em 1993 e 1995.

O trabalho que apresentamos aqui não nasceu de simples leitura das obras relacionadas em sua bibliografia. Sua gestação começou em maio de 1992, com o curso *"Transe e Mediunidade"*, organizado pela equipe da FESPE e ministrado por Lamartine Palhano, Walace Fernando Neves, Dalva Silva Souza e Jacira Abranches Leite, na sede da Escola Técnica Federal do Espírito Santo, em Vitória, com noventa e três participantes de várias localidades do estado. Esse curso foi, no mesmo ano, ministrado em Cachoeiro de Itapemirim, com a participação de setenta e oito pessoas. Durante esses encontros, após cada unidade de estudo, realizavam-se os exercícios aqui propostos, anotando-se cuidadosamente os resultados e observações. O interesse despertado pelo assunto levou à realização do curso em diversas outras instituições espíritas e à composição de uma apostila que, a princípio, constava apenas da parte teórica. Na continuidade das tarefas da FESPE, as reiteradas solicitações em torno do assunto, destacando-se a importância dos exercícios práticos, levou à organização do material como se apresenta no momento. Representa, pois, este diversas pessoas. Talvez nisso esteja o seu maior valor e justifique-se, assim, a sua forma apostilar, que rogamos aos companheiros relevar, para buscar na sua leitura o que se oferece de melhor e realmente essencial, que é o seu aspecto prático, aplicável, sem nenhum mistério ou condições fantasiosas.

A FESPE foi extinta em 1997, devido à complexidade das atividades burocráticas exigidas de uma fundação, mas a sua parte essencial continua bem viva, nas tarefas de pesquisa e divulgação que passaram a ser desenvolvidas pelo C<small>IPES</small> – Círculo de Pesquisa Espírita, instituição que vem contando com o apoio de todos os que consideram a importância de estudar profundamente a doutrina espírita e divulgar seus postulados, para que alcancem a massa, gerando transformações necessárias à criação de um sistema social mais justo e fraterno.

O C<small>IPES</small>, no ano passado, dando continuidade a suas tarefas, enviou diversos trabalhos para as editoras, muitos já publicados, como: *Laudos espíritas da loucura* (pesquisa medianímica); *Dossiê Peixotinho* (pesquisa história); *A carta da redenção: aos Gálatas* (pesquisa teológica); *Viagens psíquicas no tempo* (pesquisas anímicas); *Dimensões da mediunidade* (pesquisa histórica); *Dicionário de filosofia espírita* (compêndio técnico); e os trabalhos infanto-juvenis *Uma Páscoa diferente*, *O reino dos céus*, *A tentação de Jesus* e *Os sonhos de Aurélio*.

Que os trabalhos do C<small>IPES</small> de um modo geral e este em particular sejam um incentivo à continuidade das atividades espíritas dentro dos moldes sérios preconizados pelo Codificador – este é o nosso grande anseio.

Dalva Silva Souza[1]

---

[1] Professora de literatura portuguesa, pesquisadora e cooperadora do C<small>IPES</small>, médium de raras qualidades psicográficas e perceptivas, sendo natural de Volta Redonda, RJ, vem acompanhando de perto as tarefas espíritas do estado do Espírito Santo, sendo já considerada uma capixaba de coração.

INTROITO
AS FORÇAS MEDIANÍMICAS

O homem, em sua escalada no progresso natural a que é submetido pela lei de evolução, alcançou uma tecnologia capaz de colocá-lo no espaço além da atmosfera do planeta e lançar sondas que têm enviado notícias de mundos distantes a milhões de quilômetros da Terra. Por outro lado, ainda está engatinhando no uso de suas próprias forças psíquicas, que lhe são quase que totalmente desconhecidas. Contudo, uma nova luz surgiu no horizonte do espírito humano, quando os estudiosos retiraram do campo religioso as manifestações espirituais, consideradas como sendo produto da ação divinizada do Espírito Santo ou da presença de demônios que deviam ser exorcizados.

Os canais da mente foram abertos, atendendo às antigas profecias de efusão do espírito do Livro de Joel: "E há de ser que, depois, derramarei o meu Espírito sobre toda a carne, e vossos filhos e vossas filhas profetizarão, os vossos velhos sonharão sonhos, os vossos moços terão visões."[2] Entre todos os investigadores que levantaram a bandeira da verdade espírita está o insigne Codificador Allan Kardec que, amparado pelos laços da promessa de Jesus de Nazaré, na figura do Espírito de Verdade, delineou os caminhos teóricos e práticos para o intercâmbio, seguro e digno, entre o mundo espiritual e o corpóreo, objetivando que fossem alcançadas pelo homem as possibilidades de vislumbrar as verdades eternas, sem a intermediação das organizações religiosas estabelecidas nos povos.

[2] Joel 2,28.

Urge que a aplicabilidade desses conhecimentos do mundo psíquico seja usada com critério e consciência do que se faz e quer, desde a utilização das forças simples da movimentação energética da prece sincera e devotada, aos mecanismos complexos da mediunidade em serviço.

O homem, conhecendo-se melhor, poderá estabelecer vínculos mais seguros com outras mentes, encarnadas e desencarnadas, ajustando-se, não apenas nos variadíssimos campos da psicologia, mas, também, na sua vida psíquica, dando entrada na tão esperada era do espírito, que já nos bate à porta, exigindo mais precisão e competência em nossas articulações do mundo mental.

O que temos aqui, neste pequeno compêndio *Transe e mediunidade* senão os resultados de uma tentativa honesta de estabelecer critérios confiáveis para a aplicação das forças medianímicas? Ele trata do estudo e aplicação das forças liberadas no momento do transe medianímico, seja no auxílio ao próximo por meio da prece intercessora, do passe, quando se estende as mãos para a transmissão do fluido compensador, das irradiações de vasculhamento psíquico para as percepções da vida mental, sempre buscando as causas e os recursos espirituais para o refazimento das forças exaustas do enfermo necessitado de socorro.

Encontramos também a indicação de alguns recursos para a defesa espiritual do próprio médium, que precisa disciplinar-se em sua vida mental, organizando-se, descobrindo suas potencialidades, participando com mais consciência de todos os processos em andamento na tarefa sacrossanta do uso da força medianímica em benefício do próximo.

A cada momento em que abrigamos o estudo do espiritismo, delineamos melhores condições para a utilização das forças psíquicas, catalogadas na ciência de pesquisadores como Crookes, Delanne, Richet, Bozzano, Lombroso, Aksakof, Geley e muitos outros que, seguindo os passos do mestre de Lião, estabeleceram os princípios básicos dos processos da percepção anímica e os mecanismos psíquicos da comunicação entre os espíritos, situados entre as diferentes dimensões do Universo de Deus.

A partir da leitura dos textos nascidos das antigas experimentações, que culminaram na filosofia espírita, é possível construir protocolos experimentais que nos possibilitarão alcançar, na prática, a teoria que já temos adquirido. É assim que, juntos, a equipe espiritual e a equipe de encarnados, que se esforçaram para alcançar experimentos reproduzíveis dignos de nota, apresentamos ao leitor espírita os resultados de nossas observações: as diversas possibilidades do transe anímico e mediúnico, potencializadas pela prece e colocadas a serviço do homem.

Léon Denis [3]

---

[3] Mensagem psicografada, obtida na sessão experimental do grupo mediúnico do Círculo de Pesquisa Espírita (CIPES), na tarde do dia 26 de fevereiro de 1998, quando da possibilidade de publicação deste livro.

INTRODUÇÃO

Os espíritas estão por demais conscientizados de que devem trabalhar para a melhora de si mesmos, à medida que vão entendendo os desígnios divinos, estabelecidos por Deus em seu plano geral, no qual estamos inseridos. No universo do conhecimento espírita, principalmente os conhecimentos sedimentados em *O livro dos espíritos*, de Allan Kardec, dão a introdução para que o homem alcance os princípios básicos da verdade, abrangência da realidade da existência do próprio Deus, da imortalidade da alma, da existência dos espíritos, da comunicabilidade dos espíritos, das vidas sucessivas no processo da reencarnação, da pluralidade dos mundos habitados, e de tantas outras realidades que o homem hodierno ainda teima desconhecer.

Se tudo o que foi citado acima é uma realidade, então é evidente que há uma evolução a cumprir, um caminho para a compreensão de toda a realidade, assegurando que há apenas uma verdade. Aquele que conhece essa verdade deve prosseguir seu caminho de modo coerente com o alcance de seu conhecimento. Escrevendo aqui diretamente aos espíritas, o objetivo é traçar um roteiro de autoaperfeiçoamento, retirado das informações espíritas, que seja capaz de introduzir o estudioso, não apenas na teoria, mas também na prática, que lhe dará condições de situar-se a si mesmo no contexto humano e espiritual, nas possibilidades da autorrealização preconizada pelo Cristo:

> Assim resplandeça a vossa luz diante dos homens, para que vejam as vossas boas obras e glorifiquem a vosso Pai, que está nos céus.
> Jesus (Mt 5,16)

Não se pense que isso não seja possível. Jesus de Nazaré foi muito explícito em seus exemplos de poder pessoal com suas percepções psíquicas, com suas ações de supremacia sobre a matéria, e mesmo na demonstração de comunicabilidade espiritual, que serão suficientemente citadas no decorrer deste estudo. Jesus não disse que apenas ele poderia realizar todos os prodígios exemplificados, ao contrário:

> Na verdade, na verdade vos digo que aquele que crê em mim também fará as obras que eu faço, e as fará maiores do que estas; porque eu vou para meu Pai.
>
> Jesus (Jo 14,12)

O espiritismo, como o afirmou o próprio Kardec, não veio trazer ensinamentos novos, mas esclarecer os ensinos de Jesus, que permaneceram escondidos sob um véu de obscurantismo:

> O Espiritismo não criou nenhuma moral nova; facilita aos homens a inteligência e a prática da moral do Cristo, dando uma fé sólida e esclarecida àqueles que duvidam ou vacilam.
>
> Allan Kardec (cap. XVII, n° 4, 1864)

Portanto, muita atenção deve ser efetuada na leitura das obras básicas do espiritismo, para que não se deixe passar justamente o ensinamento que esclarece e liberta o homem de tantas e tantas superstições e crendices.

⁂

O *transe* deve ser bem delineado pelo espírita, para que não haja diagnósticos equivocados das realidades psicológicas e intercâmbios espirituais mal-compreendidos. Uma coisa é bem clara, o espírita que não tem sabido conceituar nem identificar um transe, também não tem entendido de animismo nem de mediunidade. É preciso fazer outra leitura do espiritismo para que o aspecto religioso embutido na doutrina tenha como referencial a ciência e a filosofia, e não as ideias atávicas de sacerdócios ancestrais de alguns. Daí a necessidade de haver conceitos bem delineados, para que os falsos profetas, os retrógrados, os conservadores e os mal-intencionados não tenham chances de nos conduzir para a mentira.

O *animismo* é ainda a grande faculdade humana desconhecida do espírita, e antes dela ainda é preciso que se conheça o parâmetro *personismo* (Aksakof, 1890). Como então se pretende entender e trabalhar com mediunidade se o animismo é praticamente desconhecido em suas bases intrínsecas e extrínsecas? A todos os fenômenos psíquicos os espíritas, de um modo geral, têm chamado equivocadamente de mediunidade. É preciso um certo esforço de definições mais exatas para um melhor entendimento da realidade. Há aqui uma proposta sobre isso.

A *mediunidade* também, por incrível que pareça, é uma faculdade desconhecida em suas melhores possibilidades no meio dos espíritas. E não é preciso que ninguém diga isso, basta que se observe o comportamento incoerente que ocorre nas definições dos próprios tarefeiros. É certo que ninguém mais tem trabalhado com a mediunidade como o tem feito o espírita, mas este tem que se atualizar em Kardec, visto que cada companheiro a usa como acha que deve, e não, segundo os parâmetros científicos delimitados em *O livro dos médiuns*. Só para um exemplo, dos mais berrantes, em muitas de nossas sociedades espíritas, há um médium que tudo define e tudo preside, como se o centro fosse o templo de seu sacerdócio. As consequências disso nunca são favoráveis ao bom exemplo espírita-cristão, devido, justamente, à possibilidade de falência humana, tendo em vista que cada médium tem o seu nível de alcance psíquico. É importante que sejam consultados diversos medianeiros, no mínimo três, acerca de determinado assunto para que se tire uma conclusão mais embasada. Isso será estudado aqui.

A *meditação* diária é preconizada na obra espírita (Allan Kardec, 1857, pergunta 919), objetivando o autoconhecimento, para uma reformulação das imperfeições e melhoramento da individualidade. Isso ficará bem evidenciado adiante com argumentos sólidos e doutrinários. Quando se trabalha com as forças de influências mentais é quase impossível pensar que o indivíduo não saiba de onde vêm os pensamentos que abriga. Para um médium é uma questão até de competência o autoconhecimento, e um dos melhores meios de alcançar esse patamar psíquico é a meditação.

Transe, personismo, animismo, mediunidade e meditação. São itens imprescindíveis para a prática espírita, que podem ser amplamente utilizados em benefício do crescimento espiritual do médium e da própria humanidade. O que se intenta aqui é demonstrar que a meditação, no sentido de uma higiene mental ou reflexão diária, é de muita importância para o domínio das possibilidades de transe, anímico ou mediúnico. Ainda mais, da meditação vêm as melhores possibilidades para os estados de *prece* e condições para a *vigilância*, dois itens tão indicados no *Evangelho*, e muitos ainda não sabem como aproveitar o conselho do Cristo:

> Vigiai e orai, para que não entreis em tentação: na verdade, o espírito está pronto, mas a carne é fraca.
> Jesus (Mt 26,41)

A meditação sob orientação espírita, como preconizada pelo espírito santo Agostinho (pergunta 919 de *O livro dos espíritos*), conduz o meditante, principalmente se médium, a uma condição ótima de aprimoramento de sua mediunidade. Isto será demonstrado aqui neste manual, que sobretudo não pretende de forma nenhuma ditar normas rígidas, mas mostrar que as instruções mais satisfatórias para o desenvolvimento dos poderes da alma estão inseridas nas obras da codificação kardecista:

> O bom médium não é, pois, aquele que comunica facilmente, mas aquele que é simpático aos bons espíritos, e não é assistido senão por eles.
> Allan Kardec (1864, cap. XXIV, nº 12).

Os assuntos aqui tratados foram catalogados ao longo de alguns cursos sobre transe e mediunidade ministrados a quantos espíritas compareceram com suas inscrições, em algumas instituições espíritas de diferentes localidades, na Bahia, no Espírito Santo, no Rio de Janeiro ou em Minas Gerais. Em Vitória, na sede da Fespe, hoje Círculo de Pesquisa Espírita, alguns cursos foram teórico-práticos, o que favoreceu uma maior segurança de nossa parte para levar a prática mediúnica simples e humana a outros rincões do país, demonstrando para os cursandos que é preciso valorizar muito mais as próprias percepções da alma que a mediunidade propriamente dita. A mediunidade é o recurso para o intercâmbio, mas quem faz o intercâmbio é muito mais importante. O que nos pareceu bem claro, no decorrer de nossas observações, é que um médium tem o seu nível de percepção psíquica, mas, se a esse médium juntarem-se outros, além da potencialização que ocorre, é possível fazer um laudo a partir dos diversos níveis de percepções obtidos. Isso queremos demonstrar ao leitor nos arrazoados deste livro.

CAPÍTULO 1
O Universo Humano

1 – O homem integral, de acordo com as informações fornecidas pelos espíritos a Allan Kardec, é formado não apenas pelo corpo físico. Na verdade o homem é um espírito corporificado, comandando toda uma estrutura orgânica capaz de possibilitar-lhe a manifestação na dimensão física. O corpo, por outro lado, não é apenas um objeto, uma coisa, é algo mais, é uma organização de matéria passível de ser intelectualizada pelo espírito.

2 – O espírito, é, por definição, a individualidade inteligente manifesta no universo, é a própria essência imaterial individualizada e consciente de estar existindo. A palavra espírito não ajuda em nada na definição do fulcro de poder dotado de inteligência e vontade:

> **Espírito**. (Do latim *spiritus*, sopro, vento, hálito, respiração, exalação, sopro divino, gênio, espírito, alma; em grego *pneuma*). Em Aristóteles, *pneuma* era o poder formativo e invisível, e, assim, a palavra aproximou-se do significado atribuído a *psyché* (alma). Alma era puramente funcional – alma das coisas – e *pneuma* era usado como substância. Para o espírita, alma é o espírito encarnado.

No sentido especial da doutrina espírita, os espíritos são os seres inteligentes da criação, que povoam o universo, fora do mundo material; constituem os seres inteligentes do mundo invisível ou mundo espiritual. Não são seres oriundos de uma criação especial, porém as almas dos que viveram na Terra, ou nos outros planetas, e que deixaram o invólucro corporal. Diz-se que a alma é o espírito encarnado. Parte imaterial do ser humano. Do que se pode apreender dos estudos básicos da doutrina espírita, o espírito, como ser imaterial, seria indescritível, mas possível de ser compreendido pelo que manifesta, pelos efeitos de sua presença, estando encarnado ou desencarnado, isto é, pode-se estabelecer-lhe atributos, como:

- individualidade;
- inteligência;
- consciência;
- vontade;
- livre-arbítrio;
- poder (relativo);
- plenitude (perfeição relativa).

3 – Em estado de espírito elementar, ser imaterial, sem descrição possível, essência de natureza divina, está além do universo material, de modo extrínseco. Ao ligar-se ao sistema material, assume um corpo de referência no campo vibratório em que sua consciência se situa. Assim, um espírito puro não tem corpo, de nenhuma natureza, nem perispirítica, mas assim que, por sua vontade, penetra os meandros dos elementos materiais do universo, adquire, automaticamente, uma forma, um corpo de referência. Forçado é, agora, explicar a existência do corpo espiritual, denominado *perispírito* por Allan Kardec:

> O laço ou perispírito que une o corpo e o espírito é uma espécie de envoltório semi-material. A morte é a destruição do envoltório mais grosseiro. O espírito conserva o segundo, que constitui para ele um corpo etéreo, invisível para nós no estado normal, mas que pode, acidentalmente, tornar-se visível e mesmo tangível, como ocorre nos fenômenos das aparições.
>
> *(O livro dos espíritos,* Introdução, VI)

O perispírito é o que se pode chamar de corpo espiritual, como um vidente vê um espírito, reconhecendo-o como quando era encarnado. É um corpo sutil, de composição molecular muito além da capacidade da avaliação organoléptica humana, sensível ao pensamento de seu dono, registrando todas as nuanças advindas da natureza intrínseca do espírito. Um corpo capaz de, sob o comando da vontade, irradiar-se, ou irradiar energias em raios de frequências diversas, absorver irradiações que lhe são afins, deslocar-se mediante ordem mental, saber sem perguntar, informar sem falar. O pensamento é o instrumento de sua manifestação, nasce da vontade do espírito. A vontade quer e o pensamento reproduz as ideias em imagens que se plasmam na psicosfera do ser pensante (espírito).

4 – O corpo físico, o *soma*, é um instrumento biológico, orgânico, através do qual o espírito se manifesta no mundo físico: *espírito – perispírito – corpo*. O perispírito é um corpo intermediário que, suprido de *energia vital*, sensibiliza o sistema físico, como um canal de informações: o espírito ordena, o perispírito transmite, o corpo responde. Eis aí o homem: um sistema biológico comandado por um espírito, como um escafandrista que sabe utilizar-se de seu escafandro no fundo do oceano. Contudo nem sempre o espírito sabe usar bem o corpo no qual se manifesta.

O corpo é apenas o 'escafandro', o espírito é muito mais. Esta certeza é fundamental para o estudo e a prática do espiritismo. Uma questão lançada por Kardec, obteve uma resposta esclarecedora para o espírita:

420 – Podem os espíritos se comunicar, se o corpo está completamente desperto?

– O espírito não está encerrado no corpo como numa caixa: ele irradia por todos os lados. Por isso, ele pode se comunicar com outros espíritos mesmo no estado de vigília, ainda que o faça mais dificilmente.

5 – Isto posto, é possível entender que o estágio da psicologia chamado de *inconsciente* não é tão inconsciente assim. O espírito, mesmo encarnado, tem muito mais potencial do que se imagina a *priori*. É importante para o médium perceber e utilizar-se mais desses poderes ditos do inconsciente, porque todos trazemos uma força pessoal, desenvolvida ao longo de nossa evolução, a nossa presença com o seu significado, designado por Aksakof (1890) por *personismo*.

6 – A saúde perfeita está na justeza do equilíbrio entre os três componentes do homem: espírito, perispírito e corpo. A supremacia será sempre do espírito, este é que determina os acontecimentos, ele influencia e dá a direção, tem ideias, decide e quer. É

preciso, não só acreditar nisso, mas saber disso. Aliás, foi isso que o Cristo quis ensinar todo o tempo:

> A candeia do corpo são os olhos; de sorte que, se os teus olhos forem bons, todo o teu corpo terá luz; se, porém, os teus olhos forem maus, o teu corpo será tenebroso. Se, portanto, a luz que em ti há são trevas, quão grandes serão tais trevas.
> Jesus (Mt 6,22-23)

Toda decisão do espírito tem repercussão imediata no perispírito, que por sua vez registra cada pensamento e cada ação. Há uma lei só para isso; depende de cada um dar a direção acertada e boa para a força que vem dessa lei de *ação e reação*. Portanto, é bom que se saiba, pela meditação, a natureza de nossos desejos mais íntimos, pois que, pelo perispírito irradia-se e absorve variações energéticas (fluidos) de todos os tipos, repercutindo no corpo somático. É preciso sempre que essas repercussões sejam boas. Em contrapartida, esse conhecimento tem grande valia para aqueles que se dispõem à sublime tarefa do passe de refazimento dos doentes:

> A mediunidade é uma coisa santa que deve ser praticada santamente, religiosamente. Se há um gênero de mediunidade que requer essa condição de forma ainda mais absoluta, é a mediunidade curadora.
> Allan Kardec (1864, cap. XXVI, n° 10)

❦ Exercício 1

Relê cuidadosamente o capítulo e medita sobre o teu próprio corpo, procura descobrir o que ele tenta dizer pelos eventos fisiológicos que te satisfazem ou que te incomodam. Por exemplo: se tens dores em tua coluna vertebral, não seria porque o teu modo de assentar é desajeitado? Ou, se engordas facilmente, não seria porque o teu paladar é caprichoso? Por outro lado, se tua visão é boa, não seria porque teu olhar está sempre interessado nas boas coisas e nas boas leituras? Por uma mera meia hora, vasculha com o pensamento todos os meandros do teu corpo, percebe onde dói, onde há força, onde há fraqueza. Enfim, conhece-te melhor a partir do teu próprio corpo, que, com certeza, tem muito o que te dizer. Meia hora diária por um mês. Não deixes que outros pensamentos te perturbem durante a meditação, simplesmente ignora-os. Importante lembrar que em cada região vital de teu corpo, cérebro, tireoide, coração, pâncreas, fígado, estômago, baço, aparelho geniturinário, há centros de força importantes para as interações perispiríticas. Reforça-os com pensamentos positivos em relação a eles. Estes momentos são teus, só teus, de nenhuma outra mente, trata-se de uma viagem para dentro de ti mesmo, onde tu és o timoneiro.

CAPÍTULO 2
PERSONISMO

7 – A contribuição de Jung aqui é por demais importante para a compreensão do que realmente somos, para depois complementar os conceitos com as informações espíritas. É preciso, de um modo geral, que os conhecimentos sejam conjugados, como se partes da verdade estivessem dispersas e o pesquisador precisasse encontrá-las e unificá-las para ter uma visão mais ampla. Jung fala do processo de *diferenciação* psicológica, a que chamou de *individuação*, que tem como finalidade o desenvolvimento da personalidade *individual*:

> De um modo geral, é o processo pelo qual os seres individuais se formam e se diferenciam; em particular, é o desenvolvimento de um indivíduo psicológico como um ser distinto da psicologia geral e coletiva.
> *(The function of the unconscious*, CW 7, par. 275.)

A individuação envolve uma consciência crescente da nossa realidade psicológica única, incluindo as forças e as limitações pessoais, e, ao mesmo tempo, uma apreciação mais ampla da humanidade em geral:

> Como o indivíduo não é apenas um ser à parte, separado, mas pressupõe, pela sua própria existência, uma relação coletiva, segue-se que o processo de individuação deve conduzir a relações coletivas mais amplas, e não ao isolamento.
> *(Definitions,* CW, par. 758)

Têm-se duas divergentes, a individuação e a vida de relação segundo os padrões coletivos, e o indivíduo tem que se estabelecer de modo harmônico, equilibrado, embora diferenciado, participante:

A individuação tem dois princípios: primeiro, um processo interno e subjetivo de integração, e, em segundo, um processo igualmente indispensável de relacionamento objetivo. Nenhum pode existir sem o outro, embora, algumas vezes, predomine um e algumas vezes, outro.
(*The psychology of the transference*, CW 16, par. 448)

8 – Quando fala da individualidade, Jung apresenta características e qualidades distintivas das pessoas:

Por individualidade, entendo a peculiaridade e a singularidade do indivíduo em todos os aspectos psicológicos. Tudo o que não é coletivo é individual, tudo aquilo que de fato pertence somente a um indivíduo e não a um grande grupo de indivíduos.
(*Definitions*, CW 6, par. 756)

A doutrina espírita diferencia, de maneira nítida, *individualidade* e *personalidade*. Por isso, o auxílio de Jung em suas justas definições ainda são úteis aqui, tudo para que se possa ter uma noção melhor de quem somos e o que devemos fazer como seres viventes num universo interativo. Jung trata a *personalidade* não muito diferente do que preconiza a doutrina espírita, dizendo que seria a reunião dos aspectos da *alma*, de como ela age no mundo, preste-se bem atenção a isso:

Uma mudança de um meio ambiente para outro provoca uma alteração marcante da personalidade e, em cada ocasião, emerge um caráter bem definido, claramente distinto daquele que o precedeu... O caráter social orienta-se, por um lado, pelas expectativas e exigências da sociedade e, por outro lado, pelas metas e aspirações sociais do indivíduo. O caráter doméstico é, via de regra, plasmado pelas exigências emocionais e pela aquiescência amena ao conforto e às conveniências.

Ainda nesse mesmo conteúdo de informações, Jung reflete e pergunta a si mesmo: "Qual é, afinal, o caráter verdadeiro e a personalidade real?" Isso porque a personalidade varia de acordo com o ambiente, do lar, do trabalho, nos meios sociais diversificados. Mas ele mesmo responde:

[...] Do meu ponto de vista, a resposta para essa pergunta seria: tal homem não tem, absolutamente, um caráter real: não é individual, mas coletivo, um joguete das circunstâncias e das expectativas gerais. Se fosse indivíduo, teria o mesmo caráter, a despeito das variações de atitude. Não seria idêntico à atitude do momento e não quereria e nem poderia evitar que sua individualidade se expressasse de modo claro tanto em um estado como em outro.

(*Definitions*, CW 6, pars. 798s.)

9 – Com a doutrina espírita se aprende que o espírito tem sua individualidade, que evolui até alcançar a plenitude de ser, segundo os ditames dos planos de Deus. Para isso, ele, o espírito, precisa vivenciar muitas experiências até qualificar-se para a devida competência capaz de conviver na coletividade em Deus. Estas experiências estão explícitas nas reencarnações sucessivas, oportunidades em que o espírito fixa em si mesmo o conhecimento, a capacidade, a habilidade e o estado de ser ele mesmo, interagindo no todo, em plenitude. Em cada encarnação o espírito assume uma *personalidade* diferente, sofrendo influências diferentes, avançando de modo polimórfico em sua ascensão para a luz divina. Transfira-se o parecer de Jung para a personalidade humana, de uma experiência encarnatória para as diversas ocasiões e oportunidades das encarnações sucessivas e os estágios de permeio entre elas. A cada momento o espírito mostra o que pode fazer, como pode reagir, nos mais diferentes campos de influência externa, em contrapartida aos ímpetos interiores. O espírito encarnado é o somatório de suas próprias aquisições e age segundo o que já conseguiu incorporar em sua individualidade.

10 – Para avançar um pouco mais, veja-se, novamente em Jung, o verbete *persona*, que muito ajudará nas definições, numa ótima contribuição para o entendimento do *personismo* de Aksakof:

A *persona* é um complexo funcional que passa a existir por razões de adaptação ou conveniência pessoal. (*Conserning rebith*, CW 9i, par. 213); A *persona* é aquilo que na realidade não somos, mas aquilo que tanto nós como os outros pensamos que somos.

(*Ibidem*, par. 221)

No momento de autoconhecimento, o indivíduo deixa para trás a *persona*, avança nele mesmo, uns mais, outros menos, e quando se consegue que a individualidade transcenda, a personalidade começa a representar o espírito como ele é na realidade de si mesmo. Todos estamos num determinado estágio diante da evolução, da lei do progresso estabelecida, então, queiramos ou não, deixamos transparecer, às percepções mais argutas, o que somos na intimidade. E muito além da psicologia oficial, que tem se detido no estudo do comportamento, Aksakof, estudioso espírita, observou que existem certos fenômenos inconscientes que emanam do indivíduo além dos limites corpóreos:

> É extremamente importante reconhecer e estudar a existência e a atividade desse elemento *inconsciente* da nossa natureza, nas suas mais variadas e mais extraordinárias manifestações como as vemos no *animismo*.
> (Aksakof, 1890, p. 23)

11 – Aksakof considerou, ainda, esse *inconsciente*, "essa consciência interior que não conhecemos presentemente, mas que constitui o elemento primordial de toda a individualidade" (Ibid. p 23). Assim como introduziu a palavra *animismo*, Aksakof também criou o termo *personismo*, que deve ser bem acolhido pelos espíritas:

> *Personismo* – Fenômenos psíquicos inconscientes, produzindo-se nos limites da esfera corpórea do médium, ou *intramediúnicos*, cujo caráter distintivo é, principalmente, a *personificação*.

Tem-se aqui a primeira e a mais simples manifestação do *desdobramento da consciência*, o *transe* por definição, como será estudado adiante. Como ainda considerou Aksakof:

> Os fatos dessa categoria nos revelam o grande fenômeno da dualidade do ser psíquico, da não-identidade do 'eu' individual, interior, inconsciente, com o 'eu' pessoal, exterior e consciente; eles nos provam que a totalidade do ser psíquico, seu centro de gravidade, não está no 'eu' pessoal; que esse último não é mais que a manifestação fenomenal do 'eu' individual (numenal); que, por conseguinte, os elementos dessa fenomenalidade (necessariamente pessoais) podem ter um caráter múltiplo – nor-

mal, anormal ou fictício –, segundo as condições do organismo (sono natural, sonambulismo, mediunismo).

(*Ibidem*, p. 23)

O que se pode entender disso senão que o ser psíquico, o espírito, do universo humano, é o cerne, o principal agente da ação, e ele não é só o que parece, manifesto às possibilidades das sensações humanas, mas ele transcende, exala e inala vibrações, raios mentais. Ele irradia por todos os lados, como explicado na pergunta 420 de *O livro dos espíritos*, citada antes.

12 – Existem aqui questões importantes para o autoconhecimento:
a – nada temos a oferecer ao mundo e ele nos influencia em tudo, no vestir, no falar, na gesticulação, no pensar, na leitura, na música, etc.;
b – somos indiferentes, apenas vivemos, não temos objetivos;
c – influenciamos o mundo, as pessoas nos seguem, nos escutam, percebem a nossa presença.

No primeiro caso, nosso personismo é mínimo, mal conseguimos influenciar nossos próprios familiares, nossa presença não é imprescindível, somos descartáveis; no segundo, pelo menos sabemos aproveitar as ocasiões e já participamos de alguma coisa como, por exemplo, buscamos conhecer e aprender, procurando o que achamos seja o melhor para nós, mesmo que errando. Nosso personismo já se faz notar, até por nossa dedicação a alguma atividade; no terceiro, nossa presença determina, induz, faz acontecer, podendo até transcender em fenômenos psíquicos, simplesmente porque estamos presentes:

> 367 – O espírito, unindo-se ao corpo, se identifica com a matéria?
> – A matéria não é senão um envoltório do espírito, como o vestuário é o envoltório do corpo. Unindo-se ao corpo, o espírito conserva os atributos de sua natureza espiritual.
>
> (Allan Kardec, 1857)

13 – Seria interessante fazermos uma nova leitura do item "Influência do Organismo", de *O livro dos espíritos*, lembrando que o próprio Jesus de Nazaré demonstrou a transcendência espiri-

tual sobre o corpo. Uma das passagens importantes do *Evangelho* para exemplificar o personismo crístico é a da mulher hemorroíssa, que por doze anos sofria de um fluxo de sangue:

> E certa mulher, que havia doze anos sofria de um fluxo de sangue, e que havia padecido muito com muitos médicos, e despendido tudo quanto tinha, nada lhe aproveitando isso, antes indo a pior; ouvindo falar de Jesus, veio por detrás, entre a multidão, e tocou no seu vestido. Porque dizia: – Se tão somente tocar nos seus vestidos, sararei. E logo lhe secou a fonte do seu sangue; e sentiu no seu corpo estar já curada daquele mal. E logo Jesus, conhecendo que a virtude de si mesmo saíra, voltou-se para a multidão, e disse: – Quem tocou nos meus vestidos? E disseram-lhe os seus discípulos: – Vês que a multidão te aperta, e dizes: – Quem me tocou? E ele olhava em redor, para ver a que isto fizera. Então a mulher, que sabia o que lhe tinha acontecido, tremendo e tremendo, aproximou-se, e prostrou-se diante dele, e disse-lhe toda a verdade. E ele lhe disse: – Filha, a tua fé te salvou; vai em paz, e sê curada deste teu mal.
>
> (Mc 5,25-34)

A verdade salta aos olhos diante da realidade do espírito, de suas manifestações naturais, e mesmo assim os homens tratam o assunto como sobrenatural, supranormal, paranormal, ou outros termos ditos científicos. A leitura acurada da obra kardequiana esclarece, ponto por ponto, as questões que vão surgindo em nossas mentes atordoadas com tantas filosofias empíricas, mentes incapazes de entender os desígnios de Deus.

❦ Exercício 2

Por um momento nos teus dias, procura um lugar calmo, onde ninguém possa interferir em teus pensamentos e medita. Por trinta minutos, depois de ler este capítulo, fecha os teus olhos e ignora todos os pensamentos que te cheguem. Pensa apenas: Eu sou um espírito encarnado; em que estágio estou diante da vida? Serei apenas um 'maria-vai-com-as-outras'? Eu sofro a vida, as experiências? Ou as vivencio com consciência? Ou melhor: eu elaboro minhas experiências? Serei por acaso apenas mais um, como a grama que cresce no meio das outras? Ou sou necessário no meio em que vivo? Mas, no final de tua meditação, pensa nisto: *Deus me criou, e não me criou numa série, logo sou importante para Ele.* Este exercício deve ser repetido todos os dias, durante um mês, observando as orientações do exercício anterior também. Se houver tempo disponível, volta ao exercício I e dedica dez minutos em meditação sobre o próprio corpo, reforçando os centros de força. Seriam agora quarenta minutos de quietude e paz.

CAPÍTULO 3
ANIMISMO

14 – Se formos buscar no conhecido dicionário Aurélio (1986) a definição para o termo 'animismo', encontraremos: (*animi-*, do latim *anima, ae,* alma) doutrina segundo a qual uma só e mesma alma é o princípio da vida e do pensamento; monodinamismo; *anímico:* pertencente ou relativo à alma; psíquico. Contudo, no caso específico dos termos espíritas, Aksakof, em sua obra *Animismo e espiritismo*, introduziu essa palavra para designar uma série de eventos psíquicos produzidos pelo homem:

> Para mim a luz só começou a despontar no dia em que meu índice me forçou a introduzir a rubrica do *animismo*, isto é, quando o estudo atento dos fatos me obrigou a admitir que *todos os fenômenos mediúnicos, quanto ao seu tipo*, podem ser produzidos por uma ação inconsciente do homem vivo – conclusão que não repousava sobre uma simples hipótese ou sobre uma afirmação gratuita, mas sobre o testemunho irrecusável dos próprios fatos –, donde esta consequência, que a atividade psíquica inconsciente do nosso ser não é limitada à periferia do corpo e não apresenta um caráter exclusivamente psíquico, mas pode também transpor os limites do corpo, produzindo efeitos físicos e mesmo plásticos; por conseguinte, essa atividade pode ser intracorpórea ou extracorpórea.
>
> (Aksakof, 1890, p. 22)

Aksakof observou que todos os fenômenos mediúnicos, provocados pelos espíritos por meio dos médiuns, podiam também ser produzidos pelo espírito encarnado, desde que estivesse num certo estágio de emancipação da alma, até mesmo os fenômenos de efeitos físicos, que também têm origem psíquica. Será demonstrado adiante que esses fenômenos anímicos podem ser produzidos também em estado de lucidez ou de vigília, não apenas nos estados 'inconscientes', como afirmou Aksakof, visto que ele observou esses fatos apenas nos médiuns em estágios de transe profundo ou sonambúlico (inconsciente). A lógica da observação científica diz claramente que, em estado de emancipação, a alma do homem assume todos os atributos do espírito (veja pergunta 420 de *O livro dos espíritos*).

Nesta altura do estudo, é preciso rever as definições relativas ao *transe*, o que será exposto num capítulo adiante. Mas, antes de tudo, é preciso entender que Allan Kardec, bem antes de Aksakof, já havia percebido que o espírito encarnado podia, em dadas condições de emancipação, produzir os fenômenos apenas catalogados como *mediúnicos*.

> **Mediamínico.** (Construção híbrida do latim *medius*, medianeiro, intermediário; e do francês *âme*, alma.) Qualidade da faculdade dos médiuns; faculdade mediamínica.
> (Kardec, Allan. *Definições espíritas*, Lachâtre, p. 91)

Com esta expressão *médiaminique*, utilizada na primeira edição de *O livro dos médiuns*, Kardec demonstrou conhecer que a alma (em francês *âme*), isto é, o espírito encarnado, quando em um grau qualquer de emancipação, pode realizar os mesmos fenômenos que um espírito desencarnado pode provocar em um médium. Assim, considerando que há fenômenos *anímicos* associados aos mediúnicos, o autor os reuniu nesta expressão. Hoje, em dia, os espíritas brasileiros, devido aos trabalhos de Aksakof, conhecem o termo *anímico* (do latim *anima*, alma), e, consequentemente, o termo mais usado em nosso meio é *medianímico*.

15 – Na sua obra *O livro dos espíritos*, Kardec incluiu o capítulo "Emancipação da Alma", onde procede a um estudo detalhado das possibilidades espíritas do espírito encarnado. Primeiro ele considerou a liberdade do espírito encarnado durante o sono físico e fez diversas considerações sobre o sonho; depois analisou as visitas espíritas entre pessoas vivas e, em seguida, fez um breve estudo sobre a transmissão do pensamento (telepatia), uma análise dos transes letárgicos (letargia, catalepsia e mortes aparentes), sonambulismo, êxtase, segunda vista (vidência), terminando com um ensaio teórico do sonambulismo, do êxtase e da segunda vista. Kardec se ateve aos fenômenos psicosensoriais com relação

aos fenômenos anímicos, e não os considerou mediúnicos, mas, sim, como produto da ação da alma emancipada. Aksakof pôde complementar esses estudos quando observou fenômenos de efeitos físicos de origem anímica:

> *Animismo* – Fenômenos psíquicos inconscientes (podem ser conscientes) se produzidos fora dos limites da esfera corpórea do médium, ou extramediúnicos (transmissão do pensamento, telepatia, telecinesia, movimentos de objetos sem contato, materialização). Temos aqui a manifestação culminante do desdobramento psíquico; os elementos da personalidade transpõem os limites do corpo e manifestam-se, à distância, por efeitos não somente psíquicos (sensoriais e mentais), porém ainda físicos e mesmo plásticos, e indo até à plena exteriorização ou objetivação, provando por esse meio que um elemento psíquico pode ser, não somente um simples fenômeno de consciência, mas ainda um centro de força substancial pensante e organizadora, podendo também, por conseguinte, organizar temporariamente um simulacro de órgão, visível ou invisível, e produzindo efeitos físicos.
>
> (Aksakof, 1890, p. 24)

É possível, assim, definir aqui que *animismo* foi um neologismo para significar que a alma do médium pode comunicar-se como a de qualquer outro, pois, quando possui certo grau de liberdade, recobra suas qualidades de espírito. Na prática espírita, trata-se de um estado de transe, no qual quem opera, produzindo fenômenos psíquicos e mesmo de efeitos físicos, é o espírito do próprio encarnado e não um espírito desencarnado, pois neste caso seria mediunismo e não animismo. Desde que há dissociação psíquica e o espírito de uma pessoa emancipa-se, ainda que seja parcialmente, ele pode produzir os mesmos fenômenos produzidos pelos espíritos que se comunicam através de médiuns.

16 – Por definição, os fenômenos espíritas são de duas naturezas: *anímicos* e *mediúnicos*. Nos primeiros é o espírito encarnado, em estado de transe, que produz os fenômenos espíritas; nos mediúnicos, há um intercâmbio espiritual, e os espíritos produzem os fenômenos por meio dos médiuns, utilizando-se de suas energias psíquicas e possibilidades de transe. Daí que muitas vezes Kardec generalizou todos os fenômenos espíritas dentro do

conceito de mediunidade, visto que o espírito emancipado pode se comunicar. Em nossas observações, todos os médiuns testados foram capazes de produzir fenômenos anímicos, o que pode ser experimentado em qualquer grupo mediúnico, basta que se proceda como sugerimos em um dos exercícios propostos abaixo. É possível observar também que é praticamente impossível traçar uma divisa entre o fenômeno anímico e o mediúnico, e quando essas duas faculdades estão unificadas, ostensivamente atuantes, como é o caso de um vidente que conversa com um espírito, há o fenômeno *medianímico*.

❧ Exercício 3

Durante a tua meditação diária e disciplinada, no início ou no final do dia, ou ainda em qualquer horário que te seja possível, procura observar tuas *percepções*. Quando menos esperares, algo te será mostrado, tua percepção, sem perigo nenhum, terá alcance muito maior que o comum. Poderás te ver no passado, no futuro, à distância, além das paredes, naturalmente, sem que precises exigir isso. A expectativa produz ansiedade que bloqueia as tuas possibilidades de percepções psíquicas anímicas. Poderão acontecer fatos mediúnicos também, mas tua segurança, teu estado de confiança e prece te defenderão. Nada receies se teu estado íntimo é de paz e bem-estar.

❧ Exercício 4

Em tua reunião mediúnica, solicita que três médiuns amigos irradiem seus pensamentos por três minutos em direção a um doente que queiras ajudar, fornecendo-lhes apenas o nome, a idade e o endereço. Determina a eles que procurem saber qual é o problema, as causas do problema e quais seriam as recomendações espíritas para o ajudar. Passados os três minutos, solicita aos médiuns que descrevam, separadamente, o que perceberam na ordem predeterminada. Observarás que os médiuns, segundo os níveis de percepção de cada um, te darão informações interessantes, sem que nenhum espírito desencarnado tenha interferido. Se um espírito quiser participar, fornecendo dados e instruções, o fenômeno, nesse ou naquele médium, deixa de ser apenas anímico, para ser medianímico. Todos os lances devem ser devidamente registrados, desde o prontuário do paciente às observações dos percipientes ou médiuns. Indicamos que sejam usadas pessoas reconhecidamente médiuns porque elas já fazem o transe normalmente e sabem quando se encontram num estado alterado da mente. Veja também *transe canalizado*. Chamamos esse tipo de irradiação controlada de *varredura anímica*, como será descrito adiante.

CAPÍTULO 4
TRANSE

17 – *Transe* (do latim *transire*, ir além de, trespassar, ultrapassar, pelo francês *transe*, momento de angústia, sofrimento), por definição, é *um estado alterado da consciência, ou, um estado anômalo da consciência que, em diferentes graus de intensidade, se dissocia global ou parcialmente dos centros psicossomáticos, mantendo ou não a sensibilidade e a lucidez, em condições de baixa tensão psíquica.* Segundo a conceituação espírita, o transe tem origem *endógena* e *exógena*. No *transe endógeno*, o indivíduo traz em si mesmo os fatores desencadeantes do estado de transe; são fatores anímicos, fonte dos fenômenos anímicos, provocados pelo espírito do próprio indivíduo que entra espontaneamente em transe. Pode ser espontâneo ou provocado por ele mesmo, dependendo da consciência que tem de seus próprios poderes. No *transe exógeno*, o indivíduo responde aos estímulos extra-físicos, oriundos da dimensão espiritual ou de outra força hipnótica qualquer. É a mediunidade em si, a realidade do transe mediúnico.

Aqui, aos poucos, será possível formar uma ideia mais definida do que seja um *transe*. Jaime Cerviño, em sua obra *Além do inconsciente*, fez um estudo interessante sobre o transe e é importante que seja lembrado aqui, com algumas atualizações. Disse ele: "Há um estado especial, entre a vigília e o sono, que de alguma sorte abre as portas da subsconsciência: o transe" (p. 17).

Em seguida, Cerviño, citando Amadou e Janet, tentou aproximar-se o mais possível da realidade do que seria o transe. Janet teria dito: "O transe é um estado de baixa tensão psíquica", o que seria possível com uma espécie de estreitamento do campo de consciência e, naturalmente, uma dissociação psíquica dos centros neuro-cerebrais. Esse afrouxamento psíquico, grosseiramente comparando, seria como se pode fazer com uma substância elástica: esticada ela está tensa, sendo usada com uma força consciente (alta tensão psíquica), quando relaxada, é de pouca tensão, de passividade (baixa tensão psíquica).

18 – A queda da tensão mental, o estado de passividade psíquica, de quietude, é uma espécie de porta para o afloramento do 'inconsciente', a porção psíquica escondida ou bloqueada pelo corpo somático. Quando se utiliza muito o raciocínio, o intelecto, com todo o sistema mental ativado para a elaboração de pensamentos, há um momento de alta tensão psíquica, não há lugar para percepções extras. Porém, quanto menos se pensa, numa disciplina mental em que há um pensamento desejado de cada vez, e não um turbilhão de ideias desencontradas, aí há baixa tensão psíquica, a passividade, a atenção (concentração) está ótima e há chances de percepções. Há um favorecimento para a dissociação psíquica, para o transe.

Graus de Intensidade do Transe	
Superficial	O percipiente apresenta lucidez total, há consciência do que se faz e nada escapa à sua observação.
Hipnogógico	Estado de semilucidez, o percipiente encontra-se num estágio entre a vigília e o sono, não sabendo definir bem o que está ocorrendo.
Profundo	Estado de inconsciência sonambúlica. Ao sair do transe, o percipiente não se lembra de nenhuma ocorrência dentro dos limites do período de seu transe.

19 – Entendemos por *dissociação psíquica* a emancipação, mais ou menos intensa, dos circuitos neurais que mantêm o estado de consciência considerado normal. Por exemplo, o fenômeno da vidência, que apresenta graus variados de alcance, não envolve os centros motores; é um transe parcial. Já no estado de morte aparente, letargia, todo o sistema está inerte, o transe é global. Neste último caso, embora o indivíduo esteja totalmente letárgico, ele pode estar consciente, isto é, num transe superficial; como também pode estar totalmente inconsciente, transe profundo (an-

tigamente chamado de sonambulismo). Se há um meio termo, no qual o sujeito permanece numa espécie de sonolência, há um estado hipnagógico, de semilucidez.

Graus de Dissociação do Transe	
Parcial ou Localizado	Há dissociação momentânea apenas em determinadas áreas psicossomáticas: psicofonia, psicografia, vidência.
Global	Há dissociação praticamente em todas as áreas psicossomáticas: 'incorporação' ou psicopraxia, letargia ou morte aparente.
Total	Morte do corpo, quando este expulsa o espírito.

20 – O transe pode durar, desde um momento fugaz, até mesmo imperceptível, ou bem extenso, perceptível, com evidentes alterações do estado de consciência. Cerviño considerou que "o mecanismo básico do transe consiste, possivelmente, numa onda inibitória que *varre* a superfície cerebral" (p. 22). Se pode acontecer parcialmente, é possível que em um mesmo indivíduo possa ocorrer mais de um tipo de fenômeno, como, por exemplo, vidência e psicografia, ao mesmo tempo. Quando global, o transe proporciona uma variedade de fenômenos em conjunto, parecendo um transe só, sendo possível observar em um médium psicofonia associada à gesticulação, que é um fenômeno de psicopraxia (ação psíquica, conhecida equivocadamente como 'incorporação').

NATUREZA DO TRANSE	
PSÍQUICA	Há dissociação apenas dos centros psicossomáticos, em níveis sensoriais e motores: vidência, audição psíquica, psicografia, psicofonia, psicopraxia.
BIOLÓGICA	Além do psíquico, há também uma dissociação biológica, com liberação de substâncias sutis das unidades celulares (ectoplasmia de Richet).

21 – Quanto às formas com que um transe pode apresentar-se, é possível, didaticamente, classificá-lo, segundo Cerviño, em *patológico*, *espontâneo* e *provocado* (p. 23). Estas três condições podem estar associadas.

	AS FORMAS DO TRANSE	
PATOLÓGICO	Encontrada nos estados enfermiços da mente: histeria, epilepsia, traumatismo craniano, delírio febril, coma, período pré-agônico.	
ANÍMICO	Espontâneo ou estimulado, caracteriza-se por um estado de emancipação da alma, quando o espírito retoma todos os seus atributos e pode provocar fenômenos espíritas.	
PROVOCADO	MESMÉRICO	Induzido por passes magnéticos.
	HIPNÓTICO	Transe artificial, por hetero ou autossugestão indutiva; hipnose.
	FARMACÓGENO	Induzido por substâncias tóxicas ou alucinógenas: álcool, drogas variadas, fumo, chás alucinógenos.
	MEDIÚNICO	Induzido por espíritos, por influência sobre o campo mental do médium.

FORMAS DO TRANSE

A – *Patológico*: condição em que, de algum modo, por algum fator mórbido, uma pessoa sofre uma alteração de consciência, dissociação psíquica, que a impede de manter um relacionamento normal com o mundo exterior, com, às vezes, exteriorização do mundo interno (do inconsciente) ou percepções transcendentais. Como exemplos, citamos o coma, o delírio febril, o traumatismo craniano, a histeria, os estados depressivos da mente, a esquizofrenia, o sonambulismo histérico.

B – *Espontâneo*: geralmente personímico, ocorre em pessoas hereditariamente predispostas para o transe. Um indivíduo que é vidente, desde criança, simplesmente percebe, de modo natural, algo mais além do que uma pessoa comum; pode projetar-se à distância, mostrando possuir dupla vista; extravasa ectoplasma, produzindo fenômenos de efeitos físicos (há muitos casos na literatura com mocinhas na puberdade). Um exemplo clássico deste é o caso da médium Elisabeth d'Espérance (*No país das sombras*, FEB).

C – *Provocado*: aqui podemos classificar quatro categorias: mesmérico (magnético), hipnótico, farmacógeno e mediúnico.

C.1 – *Transe mesmérico (magnético)*: é o transe provocado pela aplicação do passe magnético. Mesmo o passe aplicado normalmente nas reuniões espíritas pode provocar, em menor intensidade, um transe magnético.[4]

Essa técnica foi muito utilizada por Albert de Rochas (veja a obra *As vidas sucessivas*), em suas pesquisas, para provocar o transe em seus *sujets*, e é amplamente empregada nos centros espíritas, atualmente. Contudo, não teve sua origem no espiritismo. Tanto a técnica do passe quanto a da água magnetizada foram trazidas ao Brasil, no século passado, pelos médicos homeopatas espíritas, que as haviam aprendido no mesmerismo.

C.2 – *Transe hipnótico*: segundo as explicações espíritas para o interrelacionamento entre os psiquismos humanos, no transe

---

[4] Por isso sugerimos que, após a aplicação do passe magnético, ou seja, quando o paciente está em transe magnético, seja dada a orientação ao paciente. Podemos observar que essa foi a técnica empregada por Jesus quando, após a imposição das mãos, exclamava, por exemplo: – Vá, e não tornes a pecar.

hipnótico há uma envolvência fluídica (psico-energética) de um indivíduo, encarnado ou desencarnado, sobre outro ou outros, isto é, há uma influência mental de um e a aceitação ideoplástica pelo outro. Este obedece, hipnotizado. O hipnotizador, momentaneamente, subjuga a mente do sujeito, que, por sua vez, é sugestionável e aceita a influência. Escreveu Cerviño:

> A sugestão consiste, afinal, em inocular na subconsciência de outrem uma representação, um sentimento, um impulso, que lhe escapa ao crivo racional e se cumpre automaticamente, desde que não colida com seus princípios morais. (p. 25)

C.3 – *Transe farmacógeno*: aquele que é causado por algum tipo de produto químico, tais como o álcool, os alcaloides, as anfetaminas, ou quaisquer outras substâncias, mesmo que estejam mascaradas sob a inocente forma de um chá, excitantes ou inibidoras do córtex ou subcórtex cerebral. O transe farmacológico faz parte de diversos recursos terapêuticos, com grandes benefícios para a humanidade, mas a sua indução para a fuga psicológica leva à dependência fisiológica, ao vício, à degradação da personalidade. Assim, qualquer substância química que altere o sistema de intercâmbio bioquímico dos neurotransmissores, excitando ou inibindo o estado normal das funções do sistema nervoso central, propiciando alterações da consciência, é um fármaco capaz de produzir transe. Há que se chamar a atenção, neste caso, para a responsabilidade no uso dessas drogas.

C.4 – *Transe mediúnico*: provocado pela influência mental de um espírito. O médium é um indivíduo hereditariamente predisposto à passividade psíquica, cujos estados de dissociação psíquica permitem a influência ostensiva de uma outra mente, de uma outra vontade, permitindo que ele seja intermediário na comunicação com as dimensões espirituais. Geralmente um indivíduo propício ao transe mediúnico é capaz de desenvolver o transe anímico, podendo ser canalizado para tarefas úteis e importantes.

22 – Quanto à sua natureza, o transe pode ser apenas *psíquico*, com repercussões somáticas, podendo evoluir para uma dissociação *biológica*, havendo dissociação apenas nos centros psicossensoriais, provocando fenômenos subjetivos de ordem sensorial, como

a intuição e a vidência; quando alcança os centros motores do cérebro, pode produzir os fenômenos motores, como a psicografia e a psicofonia; se as energias disponíveis podem agir nas ligações dos centros de força, há uma dissociação biológica que permite a liberação de uma substância sensível ao pensamento e à luz branca, o ectoplasma de Richet. Existem vários exemplos catalogados na literatura espírita, como os médiuns Florence Cook, madame d'Espérance, Dunglas Home, madame Prado, Mirabelli, Peixotinho e outros.

🌀 Exercício 5

Como nos defrontamos com diversos tipos de transe, aqui teremos apenas exercícios de observação. O observador deve apurar-se cada vez mais para que possa participar mais completamente da realidade que está em si mesmo e à sua volta. Durante um *cooper*, por exemplo, muitos já observaram que têm *insights*, uma visão com maior alcance, ideias novas e esclarecedoras, justamente naquele momento em que há maior liberação de determinados neurotransmissores (talvez endorfinas). São pequenos transes, emancipações da alma. Nossas crianças podem ter transes sonambúlicos, quando se levantam dormindo e falam coisas desconexas. Nos bêbados é possível observar o transe farmacógeno e suas diversas fases. Quando os filhos agem como os pais, repetindo-os naturalmente, percebe-se que sofreram uma ação hipnótica ao longo dos anos de convivência. Nas reuniões mediúnicas, com muita atenção e controle, é possível identificar com bastante segurança o transe anímico, o transe medianímico e o transe mediúnico, como preconizado aqui neste mesmo trabalho. Por exemplo, no transe anímico de vidência, o médium diz: – Estou vendo isso ou aquilo; no medianímico, ele diz: – Um amigo espiritual está me mostrando essa ou aquela situação; ou: – Uma entidade está aqui me dizendo...; no transe mediúnico, o espírito, assumindo o controle da fala do médium, dirige-se diretamente à pessoa a quem deseja transmitir a sua mensagem.

Exercício 6

Nos teus momentos de meditação, mesmo que continues a pensar o teu assunto escolhido, poderão advir cenas, visões, informações do teu passado, do teu futuro, dos espíritos. Nesses momentos estarás em transe. Analisa os efeitos e verifica se são úteis ou se te interessam; caso contrário, abandona-os e volta à meditação.

CAPÍTULO 5
MEDIUNIDADE

23 – A mediunidade, que, segundo Allan Kardec, é a faculdade ou o poder dos médiuns, é inerente ao homem; é uma capacidade orgânica, portanto hereditária, natural, podendo ser mais ou menos ostensiva ou energética, mais ou menos completa, geral, especial, espontânea ou facultativa, conforme os indivíduos. É necessário que se compreenda bem o que seja um médium. Quando Kardec anotou que todos são médiuns, estabeleceu o parâmetro da mediunidade generalizada, embora estática, visto que qualquer pessoa pode, em dadas condições, estabelecer um contato com os espíritos. Mas Kardec também esclareceu que deveriam ser chamados de médiuns todos aqueles que, de modo ostensivo, apresentassem um grau qualquer de influência dos espíritos:

> Todo aquele que sente, num grau qualquer, a influência dos espíritos é, por esse fato, médium. Essa faculdade é inerente ao homem; não constitue portanto, um privilégio exclusivo. Por isso mesmo, raras são as pessoas que delas não possuam alguns rudimentos. Pode, pois, dizer-se que todos são, mais ou menos, médiuns. Todavia, usualmente, assim só se qualificam aqueles em quem a faculdade mediúnica se mostra bem caracterizada e se traduz por efeitos patentes, de certa intensidade, o que então depende de uma organização mais ou menos sensitiva.
> (Allan Kardec, *O livro dos médiuns*, Capítulo XIV, nº 159.)

24 – Desde que já ficou estabelecido aqui que tanto os fenômenos anímicos como os mediúnicos são espíritas, necessário é que se compreenda bem a diferença entre esses fenômenos, mesmo porque Kardec reuniu todos os fenômenos psíquicos como sendo mediúnicos, visto que não estudou mais profundamente os

fenômenos anímicos, embora os tenha observado diversas vezes (Veja o capítulo "Emancipação da Alma" em *O livro dos espíritos*). Propomos que um indivíduo que tenha força anímica desenvolvida e que entre em contato com o mundo psíquico continue a ser considerado médium, como aquele pelo qual os espíritos se comunicam.

25 – Segundo o parecer de Cerviño, "o aspecto relevante do mediunismo não é o transe em si, mas o seu conteúdo parapsíquico" (p. 91). Esse autor descreve logo depois alguns fatores que propiciam o transe nas sessões ditas espíritas: a – a quietude, o silêncio, a meia-luz, com consequente rebaixamento do tônus cortical; b – a prece monótona e indutiva ou a palavra sugestiva do diretor da reunião; c- a concentração, que, segundo ele, equivale a um estreitamento do campo de consciência, ao monoideísmo. Contudo, verificamos em nosso Círculo de Pesquisa Espírita (Vitória – ES) que os médiuns nunca tiveram nenhuma dificuldade em passar ao estado de transe anímico ou mediúnico nas condições normais de luz do dia ou artificial, tudo bem claro, sem nenhum tipo de música indutiva, sem nenhuma prece piegas e monótona. A concentração (recolhimento e atenção durante a prece concisa e objetiva), sim, mostrou-se necessária, apenas nos momentos em que se deseja obter algum efeito, pois que os espíritos produziram o que bem entenderam, bastando para isso que os médiuns ali estivessem para os propósitos das tarefas e oferecessem condições energéticas ideais.

26 – A passividade mediúnica deve ser melhor compreendida quando, na prática, verificamos a clareza com que um médium passa uma mensagem e os diferenciados níveis morais das entidades comunicantes. Há uma aceitação ou, melhor dizendo, uma possibilidade larga de captação de campos psíquicos de frequência variada. O médium cuja passividade é mínima permite apenas a influência de determinado tipo psicológico. Tivemos oportunidade de observar que, através de certo médium, comunicavam-se apenas entidades grosseiras, mal-educadas e atrevidas, embora nem sempre más. Noutros médiuns pudemos observar a influência tanto de espíritos inferiores, em tarefas específicas de de-

sobsessão, como de entidades superiores, conselheiras e amigas. Nestes, há maior amplitude de aceitação; a passividade é maior.

27 – Todas as possibilidades mediúnicas não podem ser criadas nem desenvolvidas num indivíduo que não tenha delas o gérmen. Como Kardec informou na citação anterior, a mediunidade "depende de uma organização mais ou menos sensitiva", isto quer dizer hereditária. O indivíduo nasce com essa ou aquela chance genética de poder desenvolver os diversos tipos de transe mediúnico. Isto tem reflexo direto na atividade de desenvolvimento da mediunidade. Apenas as pessoas que demonstrem claramente possuir atividades de transe é que devem ser encaminhadas para as chamadas reuniões de desenvolvimento mediúnico, que devem ser estabelecidas com certa reserva, como veremos no item seguinte. Vejamos a opinião do espírito André Luiz a respeito do desenvolvimento da mediunidade:

> Também a mediunidade não requisitará desenvolvimento indiscriminado, mas sim, antes de tudo, aprimoramento da personalidade mediúnica e nobreza de fins, para que o corpo espiritual, modelando o corpo físico e sustentando-o, possa igualmente erigir-se em filtro ideal das esferas superiores, facilitando a ascensão da humanidade aos domínios da luz.
> (Xavier & Vieira, *Evolução em dois mundos*, Cap. XVII, p. 137)

28 – Se num grupo de espíritas aparentemente não existem médiuns, para que eles surjam é necessário apenas que sejam realizadas sessões com a finalidade de verificar se algum dos presentes apresenta algum tipo de percepção. Um outro método muito prático é a tarefa do passe, quando um ou outro passista demonstra ter obtido essa ou aquela movimentação de energia medianímica. Devem-se criar condições para o cultivo da mediunidade se realmente queremos obter mensagens e orientações confiáveis.

No caso em que o grupo já conta com médiuns desenvolvidos (aprimorados e educados), seria cientificamente incorreto criar sessões para desenvolvimentos onde apenas estariam reunidos os neófitos:

> Um meio que muito frequentemente dá bom resultado consiste em empregar-se, como auxiliar de ocasião, um bom

médium escrevente, maleável, já formado. Pondo ele a mão, ou os dedos, sobre a mão do que deseja escrever, raro é que este último não o faça imediatamente.
(Allan Kardec, *O livro dos médiuns*, Capítulo XVII, n° 206)

É evidente que Kardec descreve o desenvolvimento de um médium escrevente, mas o ensino é válido para todas as outras possibilidades mediúnicas. Com as informações do espírito André Luiz (*Mecanismos da mediunidade*), onde ele apresenta a ideia da formação de um 'campo psíquico' entre os componentes de uma sessão, antigamente conhecido como 'formação de corrente mental', entende-se que os iniciantes devem ser colocados na mesma reunião que os médiuns desenvolvidos, não só para que eles possam melhor compreender a questão do comportamento mediúnico, como serem potencializados pela força já desenvolvida (Desde que esses novatos consigam participar, por grandeza de propósitos, do campo já formado numa reunião já estabelecida). Durante um ano acompanhamos uma médium psicógrafa e com algumas possibilidades criptestésicas (conhecimento do desconhecido), colocada na sessão juntamente com médiuns escreventes e videntes já treinados e de maiores possibilidades. Por sua perseverança e humildade em aceitar sua posição de aprendiz, equiparou-se às demais médiuns e hoje lhe são confiadas missões sérias e de grande responsabilidade.

> Quanto menos densos os elos de ligação entre os implementos físicos e espirituais, nos órgãos da visão, mais amplas as possibilidades na clarividência, prevalecendo as mesmas normas para a clariaudiência e para modalidades outras, no intercâmbio entre as duas esferas, inclusive as peculiaridades da materialização, pelas quais os recursos periféricos do citoplasma, a se condensarem no ectoplasma da definição científica vulgar, se exteriorizam do corpo carnal do médium, na conjugação com as forças circulantes do ambiente, para a efêmera constituição de formas diversas.
> (Xavier & Vieira, *Evolução em dois mundos*, Cap. XVII, p. 134.)

29 – O controle da força mediúnica por parte dos dirigentes é muito importante, embora poucos médiuns no Brasil submetam-se ao controle científico, mais por uma condição cultural, depois

por receios e inseguranças, e também porque os dirigentes não apresentam condições de treinamento científico para ditar as condições ideais de controle. Em nosso caso, em Vitória, aconteceu que o gabarito científico dos dirigentes garantiu aos médiuns a segurança necessária para que se entregassem, sem receios, ao controle estabelecido. Esse controle de forma nenhuma cerceia a quem quer que seja, não inibe nem força médium algum a fazer isso ou aquilo. Prima pela espontaneidade, garantindo apenas a disciplina nos trabalhos, o que não poderia ser diferente.

Tomando por base que o emprego da força medianímica deve ser aproveitado ao máximo – deve ser útil, seja para a pesquisa, para o estudo, para orientações, tratamentos e outros objetivos – toda a segurança contra o 'achismo', a fraude, o comportamento inadequado e anticientífico deve ser providenciada. Quando se deseja segurança total da informação medianímica, os médiuns não devem tomar conhecimento dos pormenores do assunto em pauta. Por exemplo: quando se deseja saber porque um paciente encontra-se nessa ou naquela situação, apenas o nome, idade, sexo e o endereço dele deve ser informado aos médiuns. As respostas devem ser coerentes com as informações do prontuário ou protocolo. Sem ser contra a atividade dos médiuns receitistas, o serviço terá muito mais segurança se o nome do paciente for apresentado a pelo menos três médiuns (veja adiante *Varredura medianímica*). Assim deve se proceder com qualquer assunto.

30 – As forças medianímicas devem ser aproveitadas ao máximo dentro de uma sessão onde todos estão com os mesmos propósitos. Quando alguém pede notícia de um ente querido que faleceu, basta que se faça uma prece por ele, solicitando aos bons espíritos que providenciem as informações a respeito, se possível que o espírito seja trazido ao ambiente ou que receba as mais sinceras vibrações de fraternidade onde se encontrar. Estejam certos de que, com esse tipo de evocação, sempre haverá uma resposta, os médiuns sempre percebem algo que pode trazer esclarecimento a respeito do falecido. Vejam que não há aqui uma exigência evocativa. O dirigente sabe que a sessão está sob proteção e que os instrutores espirituais providenciarão a devida informação. Em muitíssimos casos o espírito do falecido já sabia que seria

evocado e já estava no ambiente esperando o momento de se manifestar, pela vidência, pela psicografia, pela psicofonia ou por qualquer outro canal possível. Não há dificuldade nisso e Kardec o demonstrou por muitas vezes. Quando parentes pedem por pessoas que faleceram em dificuldades morais, o procedimento é o mesmo, só que os componentes da sessão devem estar preparados para o atendimento socorrista, sem nenhum receio.

No aproveitamento da medianimidade para desobsessão, todos devem estar devidamente imbuídos de piedade, compaixão e caridade, porque não serão palavras frias que sensibilizarão os malfeitores, vingadores, bandidos e sofredores do mundo espiritual. É preciso lembrar aqui que nenhuma atividade mediúnica séria deve ser realizada sem objetivo bem definido. Para definir bem o objetivo das sessões é preciso que se saiba a grandeza das forças medianímicas existentes entre os companheiros, portanto é necessário que se tenha um sistema de avaliação muito bem feito, com protocolo para cada médium, onde devem ser registrados todos os recursos que eles vão desenvolvendo e apresentando, ao longo das atividades. Por exemplo: o médium apresenta certo grau de vidência, isso é anotado. Com a evolução de sua participação, é perfeitamente possível estabelecer até onde vão suas possibilidades, o alcance delas, o grau de confiança e tudo o mais. Estes são procedimentos simples, mas indispensáveis, se não se quer trabalhar no 'escuro'.

31 – As variedades mediúnicas possibilitam a diversificação dos trabalhos e os diferentes tipos de reuniões ou sessões mediúnicas. Existem médiuns com energias curativas? A partir deles então podem-se fazer reuniões de tratamento, que, por sua vez, podem ter especialidades. Por exemplo, se os fluidos existentes servem para o tratamento do câncer, então a sessão deve ser canalizada para esse tipo de paciente, e assim por diante. Outro exemplo: há médiuns psicógrafos? Eles são receitistas? Neste caso, a sessão deve ser encaminhada para a orientação aos enfermos. Não aconselhamos a receita médica, que não é função espírita, a não ser com um médium muito especializado e seguro, mesmo assim com riscos. Deve-se primar pelo esclarecimento das causas da enfermidade e a orientação espiritual devida. Temos

tolerado em nossos trabalhos algumas receitas de preparados homeopáticos, mesmo assim depois de constatar que nunca havia erros médicos nas indicações. No Brasil há uma forte tendência de se usar a mediunidade apenas para o tratamento de doentes, enquanto que o principal objetivo do espiritismo não é de maneira nenhuma a cura de corpos, mas, sim, o esclarecimento do espírito. A utilização da mediunidade para tratamento deve ser feita pelo dever da caridade e não como um fim em si mesmo. É um erro. Kardec demonstrou nitidamente a utilização da mediunidade para a educação espiritual da humanidade.

Exercício 7

No exercício da mediunidade sempre há uma participação anímica, uma percepção, uma sensação de aproximação. Providencia vários temas, o nome de um paciente, um pedido de ajuda para determinada família, uma orientação referente à própria reunião ou ao grupo espírita, e pede aos médiuns presentes que tentem obter informações medianímicas a respeito, podendo usar quaisquer de suas possibilidades psíquicas. Uns irão psicografar, outros ouvirão instruções, outros, mensagens psicofônicas, outros, ainda, terão vidências a respeito. Na repetição desse exercício, os médiuns confiáveis serão automaticamente selecionados por sua fidelidade ao pensamento dos espíritos e pelos resultados que virão de suas informações exatas e úteis.

CAPÍTULO 6
MÉDIUNS

32 – De ordem geral, todos os homens emitem e recebem ondas mentais. Cada um estabelece intercâmbio mental de acordo com a frequência de suas ondas mentais, que por sua vez obedece ao campo de interesse no qual a mente se localiza. O médium é justamente aquela pessoa que consegue captar, decodificar e transmitir as ideias e os sentimentos que recebe. Os médiuns apresentam um grau considerável de animismo e ainda conseguem fazer o intercâmbio com as dimensões espirituais, portanto, os médiuns e fenômenos, que seguem descritos, podem estar apenas no campo anímico como medianímico.

FENÔMENOS TELEPÁTICOS		
Apenas a mente (pensamentos, ideias e sentimentos) está envolvida	
TELEPATIA	Transmissão ou recepção de pensamentos (fenômeno anímico).
INSPIRAÇÃO	Recepção de ideias, pensamentos e sentimentos sem que o médium saiba as origens deles e os considera seus (medianímico).
INTUIÇÃO	Recepção de ideias, pensamentos e sentimentos pelo médium que sabe a origem deles e os transmite a outrem pelos canais da mediunidade (medianímico).
PRESSENTIMENTO	Vaga intuição de acontecimentos distantes ou futuros.
PROFECIA (premonição ou precognição)	Intuição, informação ou visão clara de fatos futuros. A confiança nesses médiuns firma-se quando suas profecias vão se confirmando na presença de testemunhas.

Médiuns Telepáticos

33 – Mente a mente, todos sofrem, em maior ou menor grau, a influência telepática uns dos outros. Tal condição pode se estabelecer entre as pessoas como também entre os espíritos. Como as pessoas são espíritos encarnados, então é razoável pensar que estas influências podem ser possíveis, é o princípio da mediunidade. Uma pessoa pode fazer contato com um espírito, bastando para isso que pense firmemente nele, e vice-versa. Uma condição ótima de se estabelecer esse tipo de ligação é emitir sentimentos, ideias e pensamentos nítidos em direção a alguém. O receptor pode apresentar diversas maneiras de acolher as imagens e decodificá-las. O indivíduo dotado de possibilidades telepáticas terá mais facilidade na interpretação das imagens e impressões recebidas. Um exemplo bem característico deste fenômeno ocorreu com o autor e um dos médiuns em plena reunião mediúnica, no ano de 1995. Durante a reunião, em que atendíamos a diversos enfermos encarnados, olhamos para uma das pacientes e pensamos na possibilidade do término de seu tratamento, já que era a quarta vez que ela comparecia para receber as irradiações e suas melhoras eram consideráveis. No final da reunião, um dos médiuns disse-nos: "Sr. diretor, no decorrer da reunião percebi que fez uma pergunta sobre a paciente J., justamente sobre a finalização do seu tratamento; passei a pergunta para os amigos espirituais e eles responderam que seria bom se ela pudesse comparecer ainda por umas três reuniões mais." A facilidade deste intercâmbio telepático, entre encarnados e depois entre encarnados e desencarnados, foi facilitado, é claro, pelo campo psíquico formado entre os componentes da reunião que liga todas as mentes que ali estão alinhadas nos mesmos propósitos.

Através de uma evocação mental, qualquer pessoa pode chamar um espírito, que atenderá ou não segundo a sua vontade ou se tiver permissão para isso. Por outro lado, um espírito pode entrar em contato mental com uma pessoa que se lhe sintonize com os seus pensamentos. Isso acontece praticamente com todos os encarnados, que recebem, por esse meio, ideias, conselhos e sugestões. Está no livre-arbítrio de cada um aceitar ou não o pensamento do visitante.

Médiuns Intuitivos

34 – São os médiuns que recebem o pensamento de um espírito e os transmite. Esse pensamento é claro, firme e, naturalmente, difere do modo de pensar do médium. O médium percebe que é um pensamento alheio ao seu quando tem uma sensibilidade bem-desenvolvida. Alguns médiuns têm a capacidade de receber a mensagem espiritual bem nítida, inclusive o nome do autor. Nesses casos os médiuns escrevem ou ditam o que estão recebendo mentalmente. Muitas vezes, os médiuns dizem que é como se falassem dentro de suas cabeças, daí para a clariaudição é um passo.

Médiuns Inspirados

35- Allan Kardec definiu bem a qualidade desses médiuns, que constituem uma variedade dos médiuns intuitivos:

> Todos os que recebem, no seu estado normal ou de êxtase, comunicações mentais estranhas às suas ideias, sem serem como estas, preconcebidas, podem ser considerados médiuns inspirados.
>
> (*O livro dos médiuns*, Cap. XV, n° 184)

Segundo Kardec, a diferença do médium intuitivo para o inspirado é que este último é bem menos sensível, sendo muito difícil distinguir o pensamento sugerido ou saber sua origem. É o caso de alguns escritores que escrevem sob forte impressão psicológica. O famoso escritor Kalil Gibran, segundo as declarações de sua própria secretária, ditava seus livros sob estado febril e com uma estranha influência.

Médiuns de Pressentimentos

36 – Têm vaga intuição de ocorrências distantes ou futuras. Tais percepções podem ter como causa a influência direta de espíritos, que lhes passam o sentimento dessa ou daquela realidade, como também intuições instintivas de programações passadas que vêm à tona quando há algum fator de indução. Durante o sono, por exemplo, muitas coisas são planejadas, muitos avisos e conselhos são ministrados, que poderão surgir durante o dia.

Médiuns Proféticos

37 – Apresentam um estado mais avançado que os médiuns de pressentimentos. Recebem a revelação de fatos futuros. Algumas vezes têm visões, na vigília ou no sono, ouvem ditados, psicografam ou falam sobre o que virá a acontecer. O caso de Nostradamus parece bem definido. A nossa opinião espírita sobre esse médium do século XVI está no livro *A verdade de nostradamus*, publicado pela FESPE.

38 – A intuição, de um modo geral, precede o aparecimento de outros fenômenos, devido, naturalmente, à aproximação mental que se dá pela ocasião do entrosamento psíquico inicial, quando o médium é influenciado pelo espírito. Os dirigentes de reuniões mediúnicas, bem como os médiuns doutrinadores, sejam oradores ou orientadores, desenvolvem rapidamente a faculdade intuitiva que, com o passar do tempo, no exercício constante, pode alcançar um grau elevado de clareza. O estudo favorece muito o desenvolvimento da intuição, pois facilita sempre a compreensão da realidade prática e teórica dos fenômenos espíritas. Ao receber a intuição, o médium deve ter senso crítico e poder de análise apurado, para decidir se deve ou não seguir os impulsos que lhe chegam ao consciente. Kardec aconselha também para este tipo de médium o amadurecimento do senso moral. O mesmo é indicado para os médiuns inspirados. O pressentimento deve ser considerado com reservas, para que não haja aceitação de falsas induções. Já a profecia geralmente é mais objetiva e incisiva. De qualquer modo, o médium deve ter cuidado, medindo com critério o teor de suas revelações, para não provocar reações ou alterações fortes no comportamento psicológico de quem o escuta.

Exercício 8

O dirigente ou o doutrinador, durante um fenômeno de psicofonia por um médium, quando um espírito estiver falando, deve prestar bem atenção no conteúdo da conversação. Logo após, depois que o médium estiver fora do transe, deve sabatiná-lo a respeito de suas impressões, antes e depois do fenômeno. Ficará espantado diante da riqueza de informações que o médium terá à sua disposição.

Médiuns Psicossensoriais

39 – Antes das considerações sobre os efeitos sensoriais em si, há necessidade de se discutir a tão propalada *alucinação*. Conceitualmente, alucinação é a percepção de objetos ou fenômenos inexistentes, resultantes de distúrbios mentais. Convém ainda diferir *alucinação* de *ilusão*, que consiste, por sua vez, na interpretação falsa de uma sensação realmente percebida. De acordo com os dados científicos da atualidade, as alucinações parecem estar ligadas a uma dissolução da consciência e ao mecanismo psicológico da projeção. O doente projetaria seus sentimentos ou experiências internas para o mundo exterior sob a forma de percepção, isto é, atualizaria certos pensamentos latentes. Sob esse ponto de vista, as alucinações constituem sintomas comuns a muitas doenças mentais e suas formas são variadas e muitas vezes provocadas pela ingestão continuada de tóxicos, denominados *alucinógenos*. A febre também pode provocar alucinações. Preocupações e ansiedades intensas podem algumas vezes causar alucinações em indivíduos normais no estado de sonolência que antecede ao sono.

Realmente, sob certas condições psicológicas, pode haver, não uma dissolução da consciência, mas uma dissociação parcial espírito/corpo e, em tais casos, o espírito semiliberto entraria em um estado extrassensorial. Essas percepções extrassensoriais podem estar ligadas aos sistemas sensórios comuns, aos quais o espírito encarnado está condicionado, como: auditivo, visual, olfativo, gustativo e tátil. Porém, há sensações não-condicionadas (as chamadas alucinações extracampinas) que são percebidas fora dos campos sensoriais normais; seria, por exemplo, o fato de visualizar pessoas, objetos ou cenas reais fora do campo visual.

As percepções extrassensoriais esporádicas, que acontecem em pessoas ditas normais, não constituem mediunidade propriamente, pois, geralmente, são induzidas por algum fator eventual externo ou interno, de superexcitação. Contudo, há pessoas, médiuns, que apresentam facilidade de 'deslocamento' psíquico de tal forma que se mostram capazes de entrar em contato com os espíritos, sentindo-os, ouvindo-os, vendo-os, sentindo seus odores e mesmo tocando-os.

FENÔMENOS PSICOSSENSORIAIS	
IMPRESSIONABILIDADE	Capacidade que o médium tem de sentir a presença de espíritos
VIDÊNCIA (Psicoscopia)	Dupla vista, clarividência. Capacidade mediúnica que permite ao médium ver os espíritos, cenas espirituais, a aura das pessoas, e fatos fora do seu alra do seu alcance visual
CLARIAUDIÇÃO	Permite que o médium ouça a voz dos espíritos, até mesmo articulada, ou outros sons de natureza espiritual
OLFATIVOS	Percepção de cheiros ou odores do mundo espiritual
GUSTATIVOS	Percepção de substâncias espirituais do paladar
TÁTEIS	Percepção de corpos e objetos espirituais através do tato
PSICOMETRIA	Localização psíquica de pessoas, objetos ou cenas ambientais, do passado, do presente ou do futuro.

MÉDIUNS SENSITIVOS
Fenômenos de impressionabilidade

40 – Na classificação de Allan Kardec, os médiuns chamados de sensitivos são aqueles capazes de sentir a presença dos espíritos. Em suas considerações, Kardec observou que todos os médiuns são, necessariamente, mais ou menos impressionáveis ou sensitivos, tornando-se assim a *impressionabilidade* uma qualidade geral – *a faculdade rudimentar indispensável ao desenvolvimento de todas as outras.*

Médiuns Videntes

41 – São os médiuns que têm possibilidade psicoscópicas (fenômenos de psicoscopia = visão psíquica). Veem os espíritos, cenas e paisagens do mundo espiritual. Conseguem também ver a aura das pessoas, são altamente sensitivos, conseguindo perceber a natureza, boa ou má, dos espíritos ou das pessoas. Essa modalidade de mediunidade apresenta diversas variedades.

Médiuns Clariaudientes

42 – Os que ouvem a voz dos espíritos e outros sons de natureza espiritual. O médium pode sentir, desde uma intuição forte, com a impressão de ter realmente escutado algo, ou escutar mesmo a voz de alguém invisível que lhe fala. Alguns médiuns dessa categoria, que também são videntes, dizem que algumas vezes veem o espírito articulando as palavras ao mesmo tempo em que os escutam. De outras vezes, veem o espírito e o escutam sem, contudo, que ele faça movimentos com a boca. Explicação plausível: por sua vontade, o espírito consegue sintonia com o médium, emite seu pensamento, que é captado pelo médium, o qual, por sua vez, de acordo com sua sensibilidade, decodifica a ideia emitida, que no caso lhe vem sob a forma sonora.

Médiuns Psicômetras

43 – A psicometria é uma variedade psicoscópica. O médium psicômetra tem a capacidade de perceber as vibrações psicoeletromagnéticas fixadas por alguém em um objeto, pessoa ou mesmo num ambiente. Localiza, no tempo e no espaço, o objeto de suas perquirições, seguindo-o por uma espécie de rastreio psíquico.

GRUPOS DE FENÔMENOS PSICOMÉTRICOS Segundo Ernesto Bozzano em seu livro *Enigmas da psicometria*, FEB, 1949.	
RELAÇÕES PSICOMÉTRICAS	
Do passado (retrocognitivas)	1 – Com pessoas vivas, animais, vegetais e objetos inanimados
	2 – Espontâneas pela proximidade do objeto susceptível de interesse para o médium (indutivas)
Do presente (cognitivas)	3 – À distância, com o ambiente do objeto psicometrado.
Do futuro (precognitivas)	4 – Com o ambiente, sem necessidade de objetos
	5 – Com pessoas falecidas, mediante os seus nomes ou retratos

44 – As possibilidades psico-olfativas, gustativas e táteis geralmente vêm complementando as outras faculdades medianímicas já citadas, principalmente a vidência, e são de menos importância prática. Não devem ser confundidas com os fenômenos de efeitos físicos correlatos, como, por exemplo, a olorização, que é a produção de odores sentidos por todos os que estão presentes; com o gosto que aparece na água transubstanciada, geralmente de remédios, e com as formas materializadas que todos podem tocar. Os fenômenos sensoriais são apenas percebidos pelos médiuns.

Interrogados, alguns médiuns têm dito que, por eles mesmos, não são capazes de provocar esses fenômenos, e que normalmente a iniciativa ocorre por intervenção dos espíritos. Outros médiuns, com poderes anímicos desenvolvidos, podem provocar todas essas variedades de fenômenos. De um modo geral, esses médiuns psicossensoriais podem entrar em contato com os espíritos de todas as classes: sofredores, zombeteiros, mistificadores, maus, familiares, amigos, instrutores, protetores, superiores, enfim, os mesmos tipos dos humanos encontrados no planeta. Portanto, segundo os ditames da educação, das boas maneiras e mesmo do amor ao próximo, deve-se prestar aos espíritos a mesma atenção e consideração que se dão aos encarnados, e não considerá-los deuses que tudo podem fazer e tudo sabem. Se é um espírito sofredor que se aproxima e se mostra, para ele, a caridade; se são espíritos maus ou levianos que desejam atormentar, a imposição moral para que reflitam no que fazem e se afastem, a prece e o pedido de ajuda espiritual, pois trata-se de uma sugestão ao trabalho no bem; aos espíritos familiares, a consideração; e aos instrutores, a humildade para ouvir os seus conselhos.

A presença da mediunidade é sinal de serviço que precisa ser realizado. Nada há que estranhar ou temer, por causa da aproximação dos espíritos, seja de que classe forem. Nada poderão se não for da vontade de Deus. O médium deve exercitar a segurança da fé na providência divina para atender às solicitações que vierem do além. Nesse ponto, o médium necessitará de muita vivência para um aprendizado mais aperfeiçoado. Sua impressionabilidade deve ser colocada sempre à prova, o que ocorrerá por conta da análise do próprio médium, que, com o tempo, julgará o tipo de influência que dele se aproxima. Isso de certa forma contribuirá de modo significante em relação à atitude a ser tomada frente ao intercâmbio que se consolidará ou não. A vidência, quase sempre associada à impressionabilidade, tem grande campo de aplicação, seja na vida particular do médium ou nos sistemas organizados de serviço mediúnico.

É muito comum a visão dos espíritos, assim como de cenas vivas de ambientes espirituais, visões à distância, psicométricas ou não. A leitura da aura acontece frequentemente associada à do pensamento e a vidências de quadros mentais associados em processo único da análise de um paciente. Essa variedade dos fenômenos psicossensoriais é muito útil nos trabalhos de desobsessão, para descortinar as intenções secretas dos obsessores e estabelecer o grau de responsabilidade das vítimas. A mediunidade auditiva vem muitas vezes associada e, o que é muito importante, em seus diversos graus de nitidez, para a escuta dos interesses dos espíritos que querem comunicar-se. Muitas vezes, apenas a visão psíquica nada significa e os médiuns nesses casos precisam escutar as orientações dos guias. Os ditados são muito comuns, constituindo até mesmo uma modalidade da psicografia ou da psicofonia. A psicometria deve ser vista como uma especialidade da psicoscopia, sua aplicação tem vasta abrangência, parecendo quase sempre associada à vidência.

❧ Exercício 9

Para verificar se há algum médium psicômetra entre os componentes de um grupo, basta que se tome de um objeto, desconhecido de todos os presentes, e deixe que cada um dos médiuns o toquem. Depois pergunte a cada um a quem pertence o objeto e de onde ele veio e, se for o caso, que fato importante está ligado a ele. Anote-se a observação de cada um e verifique quem chegou mais próximo da informação correta. Assim é possível insistir junto aos que acertaram ou quase acertaram para que desenvolvam essa variedade medianímica. O médium pode perceber por ele mesmo a procedência do objeto (animismo) ou um espírito passar a informação para ele (mediunismo).

Numa experiência realizada por nós, apresentamos aos presentes uma pedra que trouxemos das praias do oceano Pacífico, quando estivemos no Chile. Perguntamos a procedência de tal pedra. Entre pelo menos dez médiuns presentes, ouvimos informações bem diferenciadas, como: "Essa pedra você trouxe da Terra Santa"; "Veio de longe"; "Veio do fundo do mar (verdade)"; mas, um dos médiuns, quando tocou a pedra, disse: "A minha mão está esquentando, essa pedra veio de muito longe, de uma praia, vejo o barulho das ondas e gaivotas barulhentas voando por cima, veio do Pacífico." Verificamos que realmente a pedra havia esquentado nas mãos do médium e ele acertou, descrevendo a cena do momento em que recolhemos a pedra da praia de Puerto Mont, no sul do Chile. Trata-se de um experimento simples, mas que pode apontar possibilidades medianímicas com as quais nem podemos imaginar que poderíamos contar em nosso singelo grupo de companheiros de tarefas espíritas.

Médiuns Psicomotores

45 – As áreas motoras do cérebro são aquelas regiões do córtex (massa cinzenta) que, quando estimuladas eletricamente, causam movimentos em algum lugar do corpo. Como se sabe através dos estudos básicos de fisiologia, a maior porcentagem da movimentação corporal é comandada pelas *áreas motoras do córtex cerebral*. A principal área motora do cérebro, da qual se origina a maioria das respostas motoras, encontra-se na parte posterior do lobo frontal, no córtex. A área do córtex imediatamente à frente do sulco central, chamada *área piramidal*, produz movimentos motores com uma quantidade mínima de excitação elétrica. O córtex cerebral é, em princípio, área de armazenamento de informações. É nos seus neurônios (células nervosas) que está armazenada a maioria das recordações de experiências anteriores do indivíduo; e é, também, onde se estocam muitos dos padrões de respostas motoras, cujas informações estão à disposição, a qualquer momento, para o controle das funções do corpo.

46 – Para a produção dos fenômenos mediúnicos psicomotores, os espíritos comandam as áreas motoras do córtex cerebral do médium para determinar a ação mecânica, mas a intenção e o resultado intelectual necessitam da utilização de circuitos neurais ainda desconhecidos para nós. Portanto, os fenômenos psicomotores não são tão simples quanto parecem. De acordo com o grau de sensibilidade do médium, ou seja, grau de liberdade alma/corpo que o médium pode apresentar, os espíritos podem interferir parcial ou totalmente no comando do aparelho mediúnico. Desse modo, os fenômenos psicomotores apresentam vários graus de intensidade:

a – o médium sente um impulso de ordem intuitiva para movimentar-se (psicopraxia), falar (psicofonia) ou escrever (psicografia);
b – o médium se movimenta, fala ou escreve, de acordo com uma vontade estranha à sua própria, contudo sabe o que está fazendo, configurando uma ação semimecânica;
c – o médium se movimenta, fala ou escreve, sob impulso motor alheio à sua vontade, caraterizando uma ação totalmente mecânica.

MÉDIUNS PSICOMOTORES		
INTENSIDADE	**RECURSO**[5]	**MECANISMOS**
Intuitiva	Psicografia	Os espíritos escrevem, controlando o braço e a mão do médium.
Semimecânica	Psicofonia	Os espíritos controlam o aparelho fonador do médium e falam.
Mecânica	Psicopraxia ('incorporação')	Todo o corpo responde ao controle dos espíritos. Transe global. Pode estar associada à psicografia ou à psicofonia.

47 – Em todos os casos de mediunidade, inclusive nos chamados fenômenos motores mecânicos, há participação do espírito do médium e de seus sistemas cerebrais orgânicos, que apenas cedem parcialmente a equipagem biológica ao espírito que deseja manifestar-se, mesmo assim atendendo aos ditames da sintonia por frequência mental. Mesmo quando o médium não se lembra de nada, após um transe mais profundo, dito inconsciente, ele participa vigilante sobre a ação mediúnica. Pode, enfim, controlar perfeitamente a atuação do espírito que se comunica, principalmente quando se trata de um espírito inferior, que precisa ser contido em seus impulsos perturbativos. Sob essa vigilância, que tolhe qualquer ato impulsivo, muitos espíritos, não entendendo o fenômeno, sentem-se amarrados. A descrição do espírito André Luiz, em seu livro *Nos domínios da mediunidade*, cap. 8, é um convite ao estudo mais aprofundado sobre essa questão:

> A médium era um instrumento passivo no exterior, entretanto, nas profundezas do ser, mostrava as qualidade morais positivas que lhe eram conquista inalienável, impedindo aquele irmão de qualquer manifestação menos digna.

[5] Nota da Editora: As três modalidades – psicografia, psicofonia e psicopraxia – podem-se apresentar como intuitiva, semi-mecânica ou mecânica.

Os espíritos, quando da utilização dos recursos da mediunidade, podem inclusive utilizar o material de ordem intelectual, cultural e moral, que se encontrem registrados nos neurônios cerebrais do médium. Podem, telepaticamente, solicitar informações do médium, que por sua vez informa, esclarece e orienta, numa conversa imperceptível aos observadores.

48 – Incorporação – Este termo já caiu na tradição do vocabulário dos espíritas brasileiros, mas é inadequado para descrever o fenômeno, que inclusive é muito confundido com o fenômeno da psicofonia. O que acontece, na verdade, quando um fenômeno é classificado como sendo uma incorporação, é uma ação psíquica (psicopraxia), em que o médium parece 'tomado' pela entidade que se manifesta. Trata-se de um transe global (veja capítulo sobre transe), quando todo o aparato motor cerebral do médium está sendo utilizado, podendo ou não o médium estar escrevendo ou falando, realizando fenômenos conjugados. Na psicopraxia o médium consegue reproduzir o modo de ser do espírito em seus gestos e expressões faciais, o que não acontece no fenômeno da psicofonia isolado. A primeira impressão que se tem é a de que o espírito entrou no médium. Não é bem assim.

O fenômeno da incorporação é comum nas atividades mediúnicas do centro espírita nos dias de hoje. Urge diferenciá-lo da psicofonia simples, cujo mecanismo possibilita aos espíritos se utilizarem apenas do aparelho fonador do médium, enquanto que a incorporação traduz um fenômeno mais completo, com manifestações de expressões faciais e gestos significativos, podendo haver transfiguração parcial do médium, mesmo que seja apenas muscular. Em resumo, psicofonia e incorporação são dois fenômenos distintos. Pode haver incorporação sem psicofonia e esta sem incorporação e, como na psicografia, há uma graduação da intensidade do fenômeno.

Existem médiuns de incorporação que são sonambúlicos, isto é, apresentam transe global e profundo, inconsciente. Outros são completamente conscientes (transe superficial) e agem como se impulsionados por uma forte intuição (veja quadro acima). Por certo existem fases intermediárias com estados de semiconsciência.

Os médiuns ditos de incorporação conduzem em si recursos de grande valor para a produção mediúnica de um grupo espírita, principalmente nas reuniões mediúnicas de atendimento a espíritos sofredores ou nas reuniões especializadas de desobsessão. Através do fenômeno da incorporação, podem-se observar a natureza e o estado psicológico do espírito que se manifesta, pela mímica que se dá nos mínimos gestos do médium, gestos de alegria, tristeza, mau humor, raiva, dor, frio, descontentamento, com subsequente avaliação de suas intenções, possibilitando socorro, amparo e esclarecimento seguros.

Instruções espirituais também são veiculadas por esses médiuns, quando entidades superiores se utilizam desses recursos para uma conversação direta e bem mais expressiva. Deve haver grande interesse por parte dos integrantes dos grupos mediúnicos, no cultivo dessa variedade psicopráxica das possibilidades psicomotoras dos médiuns, levando em conta a vigilância e o critério respeitosos na análise das mensagens.

❦ Exercício 10

De um modo protocolar, isto é, com fichas de controle para cada médium de tua reunião, anota o *modus operandi* de cada um, procurando estudar a intensidade do transe mediúnico (segundo o quadro do capítulo "Transe"). Anotar se o médium permanece consciente (transe superficial), semiconsciente (transe hipnogógico), inconsciente (transe profundo). Se psicógrafo, verificar se é intuitivo, semimecânico ou mecânico. Procura observar se o médium psicofônico apresenta gestos que acompanham suas palavras, inclusive observa também o movimento das pernas do médium, verificando se todo o seu corpo está respondendo ao comando do espírito (transe global psicopráxico).

Médiuns Psicodissociativos

49 – De modo geral, o médium é um indivíduo que tem a capacidade de dissociar-se psico ou biologicamente, apresentando transe de vários graus de intensidade (veja quadro do capítulo "Transe"). Entretanto, na falta de terminologia mais adequada, a designação 'psicodissociativo', aqui utilizada, refere-se ao mé-

dium que apresenta um grau qualquer de desprendimento do ser psíquico em relação ao seu corpo físico, desvinculando-se parcial ou globalmente (não totalmente).

FENÔMENOS DE PSICODISSOCIAÇÃO	
DISSOCIAÇÃO PSÍQUICA	Há desdobramento e dissociação apenas do ser psíquico.
SONAMBULISMO	Quando provocado pela influência dos espí- há dissociação da personalidade, sem lucidez (transe profundo), com manifestação de personalidades espirituais.
ÊXTASE	A personalidade do médium se desprende dos liames físicos e entra em contato com situa-espirituais. Geralmente há deslumbramentos e revelações (transe superficial).
DESDOBRAMENTO	É a forma de dissociação psíquica com lucidez (transe superficial); o espírito do médium, desprendido, percorre regiões espirituais ou tem contato com espíritos, participando até onde permite o seu grau de dissociação.
DISSOCIAÇÃO BIOLÓGICA	Há dissociação orgânica, além da psíquica, com liberação de substância nervosa sensível ao pensamento (ectoplasma).
EFEITOS FÍSICOS	Produção de fenômenos de ordem física tais como levitações, *raps*, tiptologia, materializações etc.

SONAMBULISMO

50 – Naturalmente, o sonabulismo propriamente dito é um fenômeno psíquico anímico que pode ser espontâneo ou provocado. O sensitivo que apresenta essa capacidade dissociativa da consciência por certo abriga em si condições hereditárias que garantem um afrouxamento dos liames psicoeletromagnéticos que

vinculam o espírito ao corpo. Na verdade, pode-se considerar que a natureza sonambúlica do médium seria uma fase anímica pré-mediúnica. O grau de intensidade sonambúlica também tem fatores hereditários que o governam.

Conforme essa natureza hereditária, o sonambulismo anímico espontâneo oferece condições para o intercâmbio espiritual. O espírito André Luiz, no livro *Nos domínios da mediunidade*, deu um exemplo quando descreveu o fenômeno que chamou de psicofonia sonambúlica:

> A médium desvencilhou-se do corpo físico, como alguém que se entregava a sono profundo, e conduziu consigo a aura brilhante de que se coroava. Clementino (responsável espiritual pelos trabalhos) não teve necessidade de socorrê-la. Parecia afeita àquele gênero de tarefa. Ainda assim, o condutor do grupo amparou-a, solícito. A nobre senhora fitou o desesperado visitante (o espírito sofredor que iria comunicar-se) com manifesta simpatia e abriu-lhe os braços, auxiliando a senhorear o veículo físico, então em sombra. Qual se fora atraído por vigoroso ímã, o sofredor arrojou-se sobre a organização física da médium, colando-se a ela, instintivamente. Auxiliado pelo guardião que o trazia, sentou-se com dificuldade, afigurando-se-me intensivamente ligado ao cérebro mediúnico.

Aí está exemplo do mecanismo do sonambulismo mediúnico. Primeiro, uma fase anímica, depois, a mediúnica. O espírito da médium estava dissociado de modo global, portanto não necessariamente era um simples fenômeno de psicofonia, mas um belíssimo fenômeno de 'incorporação', em transe profundo, quando, provavelmente, a médium de nada se recordaria quando voltasse à lucidez. A natureza psicodissociativa do médium proporciona aproveitamento de energia psíquica para o intercâmbio dos espíritos com a Terra.

ÊXTASE

51 – As características principais do estado de êxtase são a abolição da sensibilidade e a exaltação mental. Nesse estado alterado da consciência, em expansão psíquica, o médium entra em contato com os espíritos e deles recebe revelações. Quando o indivíduo apresenta esse transe de modo espontâneo ou quando as-

sim o deseja, trata-se de transe anímico; ao contrário, quando são os espíritos que o conduzem a esse estado, o transe é mediúnico.

Desdobramento

52 – Forma de dissociação psíquica com lucidez; geralmente o transe é superficial, embora o espírito se projete para além do corpo somático. Pode ser um transe anímico ou mediúnico. O espírito do médium, desprendido, percorre regiões espirituais e entra em contato com os espíritos, encarnados ou não, participando até onde permite o seu grau de dissociação. Nessa variedade de fenômeno, o espírito, semiliberto do corpo, apresenta uma característica que não é encontrada no estado sonambúlico, a lucidez, pois, quando sai do transe, lembra-se de tudo o que realizou durante sua projeção astral. Tanto na forma sonambúlica quanto na do desdobramento simples, o espírito do médium pode apresentar-se a outros médiuns, no chamado fenômeno de bilocação. Caso consiga materializar-se, fica caracterizado o fenômeno de bicorporeidade.

Por tratar-se de dissociações psíquicas que põem em perigo a constituição psicológica do médium, pela facilidade com que apresenta a dissociação psicossomática, o que de certo modo possibilita a intervenção dos espíritos inferiores caso o médium não seja portador de elevada estatura moral, essas modalidades mediúnicas devem ser praticadas sob o controle de um grupo mediúnico idôneo, que trabalhe sob rigorosa disciplina e que siga metodologia eficiente, com equilíbrio e segurança na utilização da energia psíquica.

Exercício 11

Após as tarefas normais do grupo mediúnico, propõe-se o seguinte experimento: escolhe um médium que tem facilidade de desdobrar-se em suas tarefas habituais e mostra para ele três palavras para que escolha uma delas e não a declare nem para o investigador. Depois pede a ele que entre em transe específico e canalizado, saia do corpo e apresente-se aos outros médiuns presentes e transmita-lhes a palavra escolhida. Cada um dos outros médiuns deve estar atento para perceber a saída do corpo e a direção escolhida pelo médium experimentado e a quem ele se dirige, e tudo o mais que puder averiguar. Três minutos é o suficiente para esse experimento, mas os próprios médiuns acusam o momento em que terminaram suas tarefas. Finalmente, pergunta aos médiuns observadores, um a um, o que viram e qual foi a palavra captada. Cada um contará o que conseguiu perceber; depois o médium experimentado deve contar o que conseguiu realizar e suas sensações diante de cada um, tudo sendo devidamente anotado, confirmado ou não. Dirá então qual foi a palavra escolhida por ele. O próprio grupo avalia-se em seu grau de percepção, sendo que o experimento pode ser repetido, por algumas reuniões seguintes a fim de possibilitar o desenvolvimento do desdobramento e das percepções.

Num experimento desses, realizado por nós, o médium experimentado narrou suas ações em desdobramento e foi percebido pelos outros médiuns. Havia escolhido a palavra 'paz', e apenas um dos médiuns observadores foi capaz de captá-la acertadamente. O médium experimentado disse que, ao sair do corpo, não sabia o que fazer, o que o levou a pedir a orientação de seus guias espirituais. Eles responderam que procurasse sentir, transformasse a palavra escolhida em sentimento e transmitisse esse sentimento. Foi o que aconteceu; o médium que captou de modo certo afirmou que lhe chegava à mente que ele devia cultivar a paz, e por três vezes isso lhe veio à mente, o que foi confirmado pelo médium experimentado: – Quando percebi que ele estava recebendo a minha influência, insisti por três vezes, para certificar-me de que realmente ele anotaria a ideia correta."

O mecanismo, já explicado acima, é o seguinte: o sistema nervoso do médium recebe a influência sob forma de sentimento e de imagens e a remete ao cérebro, que, por sua vez, a tudo decodifica. A passividade está justamente em decodificar a informação mais correta possível.

Efeitos Físicos

53 – Naturalmente, os termos deste item estarão abrangendo os aspectos produtivos da mediunidade de efeitos físicos. Não há necessidade aqui de nos estendermos em discussões sobre defi-

nições e filosofias sobre os fenômenos. Pretendemos apenas localizar as características fenomênicas, enquadrando-as nas suas respectivas possibilidades práticas. Desse modo, apenas para efeito didático, a matéria será colocada de forma a atender às explicitações necessárias. Para os fenômenos mais triviais, que não têm em si nenhuma utilidade prática, a não ser a de comprovação da presença dos espíritos e sua comunicabilidade, e que não requerem um comportamento especial por parte do médium ou dos circunstantes, pouca atenção será conferida, considerando-se, também, a vasta literatura existente e porque foge aos objetivos aqui estabelecidos. Contudo, aos fenômenos mais utilizados e que oferecem maior campo de aplicação, será dedicada maior consideração. O quadro abaixo abriga um esquema explicativo de uma divisão racionalizada dos fenômenos de efeitos físicos já catalogados por observadores científicos:

\multicolumn{3}{c	}{Classificação Geral dos Fenômenos de Efeitos Físicos}
Fenômenos	Efeitos	Descrição
Pneumatoglossia (linguagem dos espíritos)	Pneumatografia	(Do grego *pneuma*, ar, sopro, vento; e do grego grapho, escrever.) Escrita direta dos espíritos, sem auxílio de um médium.
	Pneumatofonia	(Do grego *pneuma*, ar, sopro, vento; e do grego *foné*, som, voz.) Comunicação oral dos espíritos, sem o concurso da voz humana; transfiguração das cordas vocais de um médium; produções de vozes num ambiente.
Telergia (trabalho à distância do médium)	*Raps*	(Do inglês *rap*, piparote, pancada rápipida, batida feita na porta ou o respectivo som da porta; bater viva e rapidamente; dar um golpe ou uma pancada seca.) Sons e ruídos produzidos pelos espíritos em um ambiente, geralmente para chamar a atenção das pessoas sentes.

Telergia	Tiptologia	(Do grego *tipto*, bater, e *logos*, discurso, fala). Linguagem convencionada por pancadas, ruídos, batimentos. Modo de comunicação dos espiritos Tiptologia alfabética, quando cada efeito acústico vale uma letra.
	Sematologia	(Do grego *sema*, sinal, e *logos*, discurso, fala). Linguagem por sinais. Comucação dos espíritos pelo movimento dos corpos inertes (mesa girante), através de códigos, letras e números.
	Motores (telecinesia)	Levitação, translação ou movimento de objetos ou corpos sem contato físico com o médium. Efeitos mecânicos.
	Transportes	Desmaterialização, translação e rematerialização de objetos ou corpos. Quando há trazimentos de corpos para dentro de um ambiente, o fenômechama-se aporte (do francês *apporter*, trazer); quando é levado do ambiente para o exterior, deporte (do francês *déporter*).
	Químicos	1. Combustibilidade (pirogenia), combustão paranormal de um objeto; 2. incombustibilidade (apirogenia), não combustão de um objeto ou corpo. Por exemplo, o médium não se queima quando toca no fogo ou em brasas; refratariedade ao fogo. (Veja experimentos de Crookes com o médium Homes, no livro *Experimentações mediúnicas* (Palhano, CELD, 1996);

Telergia	Químicos	3. escotografia, impressão de película fotográfica, em plena obscuridade; 4. alteração de temperatura de um objeto (quente ou frio) em ambiente estável; 5. transubstanciação da água, que muda de aspecto, cor e gosto; 6. olorização, produção de odores dos dos mais diversos, desde perfumes a cheiros desagradáveis.
	Elétricos	Ações eletromagnéticas sobre equipagens eletrônicas. Pessoas elétricas que transmitem choques elétricos a quem as toca.
	Magnéticos	1. Efeitos magnéticos de radiestesia, como sobre a agulha da bússola ou outros metais; 2. indução de superexcitação de um médium sobre o outro; 3. mediunidade de cura, magnetização da água.
Sematoplastia (ou somatização)	Transfiguração	Sinais ou palavras aparecem escritos na pele do médium sob a forma de traços eritematosos (avermelhados ou sanguíneos), mais ou menos salientes.
	Estigmatização (anímico)	As marcas da paixão de Cristo aparecem no médium, geralmente, místico.
	Invulnerabilidade	Há recuperação rápida dos tecidos lesados, quando o médium ou o paciente do médium sofre traumatismos diláceradores.

Teleplastia (ectoplasmia visível, com ou sem efeito luminoso)	Transfiguração	Mudança do aspecto de um corpo ou de parte dele. Alterações no rosto do médium, surgindo o de outra pessoa, geralmente de alguém falecido; alterações nos braços, nas cordas vocais.
	Bicorporeidade	Desdobramento e materialização do espírito de um vivo.
	Superincorporação	Os espíritos utilizam-se do perispírito materializado do médium (termo utilizado por Ranieri, em seu livro Materializações luminosas). Parece ser uma variação da bicorporeidade.
	Materialização	1. Parcial, os espíritos materializam parte de seus perispíritos, principalmente mãos, para realizarem algumas ações; 2. Total, os espíritos materializam-se completamente.

54 – Em se tratando de efeitos físicos, os espíritos podem atuar de duas maneiras:

a – Ação direta dos espíritos sobre a matéria:

> O espírito atua sobre a matéria; da matéria cósmica universal tira os elementos de que necessita para formar, a seu bel-prazer, objetos que tenham aparência dos diversos corpos existentes na Terra.
> (Allan Kardec, *O livro dos médiuns*, cap. VIII, n° 129.)

b – Os espíritos utilizam combinações fluídicas (energéticas), associando fluidos que lhes são próprios, com os fluidos animalizados do médium, e ainda outros fluidos da natureza, e atuam no mundo material, manifestando-se. (Allan Kardec, *O livro dos médiuns*, cap. V, n° 99; André Luiz, *Missionários da luz*, cap. 107 e *Nos domínios da mediunidade*, cap. 28, pp. 232/245.)

Na segunda alternativa, como ficou evidente, há necessidade de médiuns. Nesse caso, médiuns especiais, cuja natureza apresenta mais um fator dissociativo, além da dissociação psíquica – a dissociação biológica. Na definição do espírito André Luiz, em seu livro *Mecanismos da mediunidade* (cap XVII pp. 121/127), a personalidade mediúnica do médium de efeitos físicos apresenta certo grau de dissociação psíquica com desarticulação das próprias forças anímicas, responsáveis pela coalizão molecular dos tecidos biológicos que constituem seu organismo, exteriorizando energias com as quais são produzidos os fenômenos que variam de simples pancadas (*raps*) à ectoplasmia visível.

ECTOPLASMA (RICHET)

55 – O ectoplasma, caracterizado por uma emanação corporal fluida do médium, foi descrito pelo espírito André Luiz:

> O ectoplasma está situado entre a matéria densa e a matéria perispirítica, assim como um produto de emanações da alma pelo filtro do corpo, e é recurso peculiar não somente ao homem, mas a todas as formas da natureza. Em certas organizações fisiológicas especiais da raça humana, comparece em maiores proporções e em relativa madureza para a manifestação necessária aos efeitos físicos que analisamos. É um elemento amorfo, mas de grande potência e vitalidade. Pode ser comparado à genuína massa protoplásmica, sendo extremamente sensível, animado de princípios criativos que funcionam como condutores de eletricidade e magnetismo, mas que se subordinam, invariavelmente, ao pensamento e à vontade do médium que os exterioriza ou dos espíritos desencarnados ou não que sintonizam com a mente mediúnica, senhoreando-lhe o modo de ser. Infinitamente plástico, dá forma total ou parcial às entidades que se fazem visíveis aos olhos dos companheiros terrestres ou diante da objetiva fotográfica, dá consistência aos fios, bastonetes e outros tipos de formações, visíveis ou invisíveis, nos fenômenos de levitação e substancializa as imagens criadas pela imaginação do médium ou dos companheiros que o assistem mentalmente afinados com ele.
>
> (André Luiz, *Nos domínios da mediunidade*, cap. 28.)

ECTOPLASMA	
Segundo o espírito André Luiz (*Missionários da luz* e *Nos domínios da mediunidade*)	
Definição	Substância caracterizada por cheiro especialíssimo, expelida pelos orifícios naturais do corpo do médium. Apresenta-se inicialmente como uma massa esfumacenta, móvel ou inerte, nervosa, viscosa, à semelhança de uma massa protoplasmática (citoplasma sol do citoplasma celular).
Natureza	Independente do caráter e das qualidades morais do médium, constitui emanações do mundo psicofísico, das quais o citoplasma celular é uma de suas principais fontes.
Elementos Essenciais	1. fluidos superiores e sutis do mundo espiritual; 2. recursos fluídicos do médium e dos assistentes encarnados; 3. energias e material retirados da natureza, principalmente do mundo vegetal.
Propriedades	1. plasticidade, adaptabilidade às diretivas do pensamento. Sensível à ação mental; 2. penetrabilidade, atravessa obstáculos materiais; 3. condutibilidade aos fluidos elétricos e magnéticos; 4. sensibilidade ao pensamento, à luz (fotossensível) e ao toque corporal; 5. invisibilidade, pode ser encontrado em estado invisível, bem rarefeito, mas consistente, capaz de mover a matéria e ser fotografado (alavanca psíquica de Crawford).

56 – Os principais objetivos da produção dos fenômenos de efeitos físicos, antes de tudo, são possibilitar o estudo das leis da natureza e ensinar ao homem a controlá-las. Como declarou o célebre William Crookes, "a força psíquica é um fato real, não somente possível". Esse cientista experimentou vários médiuns, principalmente Kate Fox, Eva Carrière, Dunglas Home e Florence Cook, chegando a incríveis resultados, publicados na época e recuperados no livro *Experimentações mediúnicas*, de L. Palhano Jr. (CELD).

Por influência de uma errada interpretação das obras do espírito André Luiz, os espíritas brasileiros têm dedicado essas forças psicofísicas apenas no tratamento de enfermos. Dizem que esse é o único motivo dos espíritos superiores para a utilização desses recursos, o que não é propriamente uma realidade, pois que temos participado de diversos tipos de sessões apropriadas para efeitos físicos, na presença de médiuns com possibilidade real de produção de fenômenos, e realmente utilizam algumas forças para o tratamento desse ou daquele enfermo, contudo, sempre que há uma chance, tentam, e muitas vezes conseguem, realizar certos fenômenos para demonstrar a natureza da força que estão utilizando. Sentimos, também, infelizmente, que a maioria dos companheiros não está preparada para observar devidamente as ocorrências espíritas nesse campo dos efeitos físicos, quando não ficam deslumbrados, não sabem controlar devidamente o fenômeno, enquanto que os médiuns permanecem melindrosos e esquivos quando se propõe qualquer alternativa para uma observação mais acurada. É lamentável. Mas, gostaria de esclarecer de uma vez por todas, o espírito André Luiz não afirmou que "só os enfermos" justificariam a presença dos espíritos superiores:

Objetivos da Produção dos Fenômenos de Efeitos Físicos Segundo o Espírito André Luiz	
Para os Espíritos Superiores	1. Obter mais ampla sublimação do emprego dos fenômenos de efeitos físicos, para que os médiuns se ajustem a determinados princípios mentais mais elevados, com respeito à possibilidade de execução de tarefas específicas no campo da cura e do bem-estar da humanidade;
	2. só a enfermidade, os necessitados de toda a sorte, justificam o esforço dos espíritos superiores em proceder aos fenômenos de materialização, com raras exceções relativas a experiências científicas que visam ao esclarecimento da humanidade;

Para os Homens	Procuram uma existência em plano moral mais alto para que possam definir, em exatidão e propriedade, a substância ectoplasmática, analisando-lhe os componentes e protegendo-lhes as manifestações, de modo a oferecerem às inteligências superiores mais seguros cabedais de trabalho, equacionando-se, com os homens e para os homens, a prova inconteste da imortalidade.

Por aí se vê que, se os espíritos não se dispuserem à pesquisa e os homens não se dignarem à melhor preparação científica, o avanço será muito vagaroso nesse âmbito dos fenômenos espíritos, aliás, como já está acontecendo. Muitos espíritas têm propalado que a época das pesquisas espíritas já passou, e não existe afirmação mais absurda, visto que sequer começamos a verdadeira época das pesquisas espíritas, pois a maioria das informações que temos foram os próprios espíritos que nos ofereceram de bandeja, pouca coisa foi dedução nascida da elaboração de um projeto humano de pesquisa psíquica. Pois que se preste atenção à própria história de William Crookes: se não fosse a tenacidade da médium Florence Cook, ele continuaria não acreditando nas materializações de espíritos, como havia declarado antes, numa entrevista da época.

Médiuns Curadores

57 – Allan Kardec classificou os médiuns curadores como pertencentes a uma variedade especial da mediunidade de efeitos físicos. São os que têm o poder de curar ou de aliviar um doente. Todas as pessoas que se dispõem a magnetizar outrem podem fazê-lo, pois em seu mecanismo há apenas uma exaltação do poder magnético fortalecido pelo concurso dos bons espíritos (*O livro dos médiuns*, cap. XVI nº 189). Devem acompanhar o magnetizador a boa vontade de ajudar e uma fé inquebrantável nos poderes de Deus e dos espíritos, seus prepostos celestiais.

No espiritismo de hoje esses magnetizadores são conhecidos como médiuns passistas, pois se tornou muito divulgado o sistema de magnetização pelo passar das mãos sobre o rosto do paciente, fluidificação da água, com a associação da prece (André Luiz, *Mecanismos da mediunidade,* cap. XXII, pp. 157-162). Aliás, essas práticas vieram do mesmerismo, no século passado, quando médicos espíritas, que também eram magnetizadores, introduziram no Brasil tais procedimentos. Com o apoio total da espiritualidade, hoje temos bastante divulgadas essas associações do magnetismo com mediunismo, quando os resultados têm sido muito bons.

Embora qualquer pessoa de boa vontade possa predispor-se à prática do passe, seria de bom alvitre que o centro espírita mantivesse, em seus quadros de servidores, médiuns passistas com reconhecida capacidade de cura e de percepção adequada para a análise psíquica dos pacientes. Propomos o seguinte esquema de serviço:

A – entrevista com um atendente que tomaria os dados do paciente e suas queixas;

B – videntes (pelo menos três) que, sem saberem das queixas do paciente, veriam, cada qual em seu nível de percepção, o real estado psicológico do paciente, como, por exemplo, se está obsediado ou não, implicações de outras encarnações, comportamento atual inadequado, etc;

C – um dirigente reuniria todos os dados e encaminharia o paciente ou o problema apresentado para os médiuns cujas forças seriam mais adequadas para o atendimento:

a. – passes, água fluidificada e aprendizado sobre a meditação, a vigilância e a prece;

b. – irradiação mental ou varredura anímica, em caso de doença física;

c. – varredura (vasculhamento) medianímico, se o paciente necessita de ajuda psíquica e esclarecimento espiritual.

É justo recordar que o passista, que deve contar com certo grau de percepção anímica, tem diversas maneiras de atender aos enfermos e necessitados: a prece de intercessão, o magnetismo do olhar, o sopro curador, a palavra indutiva, a irradiação mental, a água fluidificada, o passe e a imposição das mãos (toque curador). Como acontece com qualquer um dos fenômenos mediúnicos, na base da faculdade curadora também está a mente com suas emanações ordenadas pela vontade. Sendo assim, todos os quesitos solicitados a um bom médium também o serão em relação ao médium passista, acrescido, é evidente, de aspectos disciplinares mais rígidos, pois que os fluidos curadores devem ser os mais puros possíveis, límpidos, sem nenhum teor de vibrações tóxicas, grosseiras, capazes de produzir mal-estar em quem as recebe.

58 – Com relação à conduta do médium curador ou passista, em seu processo educativo, há certas sutilezas para as quais se deve voltar atenção, como esclareceu o espírito André Luiz, em seu livro *Conduta espírita*, cap. 22 e 28:

a – não há necessidade de gesticulação violenta, respiração ofegante, bocejos ou toque direto no paciente, durante a aplicação do passe;

b – interromper manifestações mediúnicas no horário de transmissão do passe curativo (nesse caso para que não haja dispersão da força e da atenção);

c – não indagar sobre os resultados da ação curativa (refere-se aqui à indagação vaidosa do médium que quer elogios sobre o seu pretenso poder, contudo, o acompanhamento científico no controle dos pacientes que estão sendo submetidos à ação curadora é sempre de bom alvitre, mesmo porque isso colabora com a avaliação dos trabalhos);

d – jamais temer a exaustão da força magnética (o passista, que é o primeiro que recebe as energias renovadoras, não precisa tomar passes depois que atende os pacientes);

e – criar em torno dos pacientes uma atmosfera de positiva confiança, através de preces, vibrações e palavras de carinho e segurança, fortaleza e bom ânimo;

f – nunca garantir a cura ou marcar prazo para o restabelecimento do doente (os atendimentos e sessões devem ser dirigidos para o tratamento dos enfermos e não propriamente para curas; os resultados positivos virão por si mesmos, de acordo com as necessidades de cada um);

g – acrescentamos aqui que, no final do passe, o paciente deve sair sempre com uma ordem vibrante de bom ânimo, de fortaleza, de progresso curativo, etc., visto que sai magnetizado.

O médium curador deve levar em consideração, sempre, o conselho de Jesus:

> Restituí a saúde aos doentes, ressuscitai os mortos, curai os leprosos, expulsai os demônios. Dai gratuitamente o que haveis recebido gratuitamente.
>
> Jesus (Mt 10,8)

A essa questão Allan Kardec dedicou um capítulo do seu livro *O evangelho segundo o espiritismo*, onde considerou que a mediunidade é uma coisa santa que deve ser praticada santamente, religiosamente e que a mediunidade curadora requer ainda mais absolutamente essa condição (Cap. XXVI n°10).

✲ Exercício 12

Exercícios com efeitos físicos somente podem ser levados na prática se existirem médiuns apropriados no ambiente e uma boa defesa espiritual, baseada na seriedade de propósitos. Para exemplificar, encontramos um amigo e ele nos disse que estava acontecendo uma série de fenômenos odoríficos à sua volta e ele queria saber o porquê de tudo aquilo. Exalava dele um perfume suave e sensual, como de um *spray*. Confessou-nos que era muito mulherengo, e que, em certas ocasiões de conquista, o perfume surgia. Na casa de seu irmão, certa vez, surgiram odores desagradáveis. Compreendemos que ele estava obsediado, embora produzisse aqueles fenômenos de efeitos físicos chamados *olorização*. Não pudemos duvidar de suas narrativas, pois, no momento em que nos fazia este relato, borrifadas de perfume foram lançadas em nosso rosto.

Fizemos então a seguinte proposta, mais para ajudá-lo e para observar o fenômeno sob controle: convidamo-lo para comparecer em nossa reunião de experimentação mediúnica no Círculo de Pesquisa Espírita, com o ambiente adredemente preparado e contando com a presença de espíritos instrutores e pesquisadores.

Quando ele chegou, os médiuns perceberam que os obsessores permaneceram fora do ambiente, principalmente uma entidade feminina que produzia os tais perfumes sensuais. Explicamos qual seria a nossa expectativa diante daquele médium e passamos a ele diversas orientações espíritas, principalmente a recomendação da leitura de *O livro dos médiuns* e de *O evangelho segundo o espiritismo*. Pedimos aos nossos guias que providenciassem, se possível, algum fenômeno. Os médiuns viram que foi permitida a entrada de uma entidade masculina que se aproximou e, utilizando-se dos fluidos daquele médium, produziu o cheiro forte de papel queimado, de ferir as narinas mais sensíveis. O médium mantinha-se sentado ao nosso lado e as luzes estavam todas acesas. Esse foi um fenômeno de efeito físico, pois foi percebido por todos indistintamente. Num experimento, na semana seguinte, nas mesmas condições, houve produção de odores de maçã verde. Nenhum desses cheiros eram esperados por nós, que justamente aguardávamos perfumes. Depois de outros experimentos e de termos passado diversas orientações para aquele médium, o dispensamos por acharmos que os objetivos já haviam sido alcançados. Uma das principais orientações, por ser ele simpatizante do espiritismo, foi que suas energias podiam ser utilizadas com êxito nos serviços de passes. Esperamos que ele tenha seguido nossas orientações.

CAPÍTULO 7
MEDITAÇÃO

59 – O espírita tem sempre escutado o alerta cristão "vigiai e orai", a fim de não cair em situações comprometedoras diante da vida. Mas o que vigiar e para quem orar? Os espíritos orientadores têm lembrado da necessidade da *meditação*, atitude importante para quem vigia e ora, tendo em vista que é através de uma análise séria sobre si mesmo que o indivíduo aprende a conhecer-se. Ora, uma pessoa só sabe se está vivendo de acordo com seus princípios, e não com os dos outros, se estiver bem ciente de si mesmo. As influências sobre o cidadão são muitas, tanto sociais, morais, religiosas e espirituais. Será pela meditação que alguém pode deliberar quais são os seus próprios pensamentos, inclusive reconhecer os pensamentos estranhos que lhe cheguem à mente. Na mediunidade, essa capacidade é muito útil, pois os médiuns muitas e muitas vezes ficam na dúvida se um pensamento ou ideia é de um espírito ou deles mesmos. Observamos que muitos companheiros médiuns, em dúvida, buscaram a presença de outros médiuns, tais como Chico Xavier, para que confirmassem se eram mesmo médiuns, numa insegurança que nos dava dó. A meditação evita que o médium aceite como seus os pensamentos alheios, e distinga a influência dos bons espíritos da dos obsessores.

60 – Este ensaio sobre *meditação e mediunidade*, visa a estabelecer um início de discussão a respeito de mais este recurso para que o espírita possa estruturar-se para a educação do próprio pensamento. Não resta dúvida de que é importante a escolha dos próprios pensamentos; isso é a própria educação mental. Para uma meditação eficaz, é preciso que a vontade seja fortalecida e que seja garantida uma certa quietude, e, para tal, existem algumas

técnicas de meditação que podem perfeitamente ser empregadas, mas o melhor método é aquele que favorece o auto-conhecimento (Pergunta 919 do *O livro dos espíritos*).

61 – O processo de meditação, em sua base, é um processo de relaxamento e de energização, quando também oportuniza o aumento da força de vontade e da educação da mente. Normalmente nossas mentes são inquietas e confusas, abrigando vários pensamentos ao mesmo tempo, quando emitimos ondas mentais não-interligadas e desencontradas, com um gasto de energia nervosa muito grande. Pensamentos dispersos e incômodos vêm à nossa mente e a nossa atenção vagueia de um pensamento a outro. O principal objetivo prático da meditação é focalizar a mente em um pensamento único e então expandi-la e dirigi-la a estados mais elevados de consciência. Assim, a meditação envolve, essencialmente, as seguintes etapas:

a – concentração da mente em um pensamento, numa frase, numa imagem, num som, num cenário, etc., de modo que ela se torne estável e dirigida a um só objetivo. Haverá descanso mental, sem perda de energia nervosa, pois os neurônios estarão sincronizados, harmônicos, e não emitindo neurotransmissores em diversas direções e canais nervosos;

b – focalização ininterrupta da mente no objeto de concentração escolhido, por um certo período de tempo (trinta minutos). Esse exercício traz, em breve tempo, capacidade de meditação mais prolongada sobre qualquer dos temas de auto-conhecimento;

c – expansão da mente, que até então estava direcionada para um ponto, a estados mais elevados de consciência (transcendental, supranormal, supraconsciente, etc.).

62 – Enquanto medita, o iniciante pode encontrar diversos escolhos, sons externos, reclamos do corpo, pensamentos invasores não-desejados. Não há que brigar com tudo isso, simplesmente se registra o incômodo e retorna-se à meditação. Uma frase muito boa para exercício é aquela do início do salmo 23: "O Senhor é o meu pastor, nada me faltará", sem que haja pensamentos filosóficos e religiosos a respeito. É um exercício, vale a repetição do pensamento. Depois que estiver consciente de que pode sustentar

o pensamento desejado por um determinado tempo, é bom seguir o conselho de Emmanuel:

> Nossa mente sofre sede de paz, como a terra seca tem necessidade de água fria. Vem a um lugar à parte, no país de ti mesmo, a fim de repousar um pouco. Esquece as fronteiras sociais, os controles domésticos, as incompreensões dos parentes, os assuntos difíceis, os problemas inquietantes, as ideias inferiores. Retira-te dos lugares comuns a que ainda te prendes. Concentra-te, por alguns minutos, em companhia do Cristo, no barco de teus pensamentos mais puros, sobre o mar das preocupações cotidianas... Ele te lavará a mente eivada de aflições. Balsamizará tuas úlceras. Dar-te-á salutares alvitres. Basta que te cales e Sua voz falará no sublime silêncio. Oferece-lhe um coração valoroso na fé e na realização, e seus braços divinos farão o resto. Regressarás, então, aos círculos de luta, revigorado, forte e feliz.
>
> (Xavier. *Caminho, verdade e vida*, cap. *Na Meditação*)

63 – Cada ser que já alcançou os limites da razão, possui em si um estágio profundo, aparentemente inócuo, mas que está mais ativo que nunca, pois é desse alicerce que vêm as ordens do automatismo adquirido nas sucessivas experiências do princípio inteligente para o aprendizado permanente e que garante a escritura da ordem divina em seu âmago para sempre. Assim que o ser individualizado alcança a razão, toda a ordem, todo o equilíbrio universal, toda a quietude, já estão definitivamente estabelecidos nele. Nasce um espírito, por definição, um ser pensante.

O espírito é o ser psíquico na fase pensante e, ao se perguntar: – O que são os espíritos? A resposta é: – São os seres pensantes do universo (Kardec). Não importam que estejam encarnados ou desencarnados. Quando a individualidade pensa, ela começa, em termos de raciocínio, pelo pensamento contínuo, é claro, a conhecer as coisas e a si mesma. Aí começa também a tomada de consciência, a vontade se instala e o livre-arbítrio está pleno, enfraquecendo as formas instintivas e automáticas dos estágios anteriores da evolução, mas não as anula. O espírito começa a escrever o seu próprio destino. A soma de suas experiências reencarnatórias dará a métrica de suas tendências, vocação e ritmo biológico, que transcende pela glândula da vida mental, que, segundo o espírito André Luiz, é a própria epífise (pineal) – é o *inconsciente emanante*.

Níveis de Consciência
Relação entre matéria e consciência pura.
Elemento material versus elemento espiritual.

Consciência divina
Consciência cósmica
Consciência de si mesmo
Sabedoria e amor
Razão
Instinto
Sensibilidade
Energia vital
Vibração
Corpo físico (matéria)

Na atual encarnação, o espírito conta com um cérebro, cujos recursos biológicos lhe permitem uma vida mental ampla, embora limitante quanto à sua real grandeza como espírito emancipado da carne. Um desses limites mais importantes é o esquecimento do seu passado reencarnatório. Mas a memória integral permanece, aguardando, em níveis subsconscienciais, o devido estímulo para reacender-se com precisão diante de estímulos diversificados (veja adiante *Choque psíquico*) – é o *subconsciente*.

Até onde a mente, que está operando na vigília, lembra o passado e calcula o futuro próximos? É o seu presente, estado de consciência, chamado *consciência*.

Quando o ser psíquico consegue transcender para além das fronteiras limitadoras do arcabouço somático, invadindo os registros do passado e avançando no futuro dos arquivos divinos, vivenciando todas as coisas como se elas fizessem parte dele mesmo, há uma expansão da consciência de pelo menos três fases: a – consciência de si mesmo; b – consciência cósmica (participação no todo); c – consciência divina (espíritos puros) –o *superconsciente*.

A cada passo, o fulcro inicial, já individualizado, expande-se mais, aumentando o seu 'campo de influência', que então começa a confundir-se com o do Criador, sem contudo perder a própria individualidade: *"Eu e o Pai somos um"* (Jesus). A ordem interna da essência divina que há em nós vem do âmago para a periferia da consciência operante e manifesta-se sob a forma de pacificação crística. A meditação, que pacifica a psicosfera mais externa do ser pensante, favorece todo esse processo de transcendência do equilíbrio das leis universais, escritas em nosso inconsciente profundo.

Exercício 13

Completamente calmo e relaxado, em completo silêncio, escolhe um pensamento, ajusta-o na mente, até que nenhum outro interfira mais. Exemplo: "Eu sou um espírito imortal encarnado, nada pode perturbar a minha paz e a minha segurança, sou tranquilo em Deus. Se Deus é por mim, quem pode contra mim?" Por trinta minutos, permaneça assim, sabendo que tua vontade está cada vez mais forte e que cada vez mais dominas e educas o teu pensamento, que ele será sempre de acordo com tua vontade.

Espera-se que, com o correr dos exercícios, a tua ordem interna comece a transcender, expurgando todos os resíduos de imperfeições que ainda existem escondidos nos setores subconscienciais de tua mente. Não tenhas receios, persevera.

CAPÍTULO 8
MEDITAÇÃO E TRANSE MEDIANÍMICO

64 – A mente está intimamente integrada ao corpo e um recebe influência do outro, mas o corpo deve ser o instrumento da mente, pois a supremacia é do espírito sobre a matéria. Um bom exemplo, dos mais simples, para verificação de quem exerce maior influência, é o paladar. Os sabores da mesa te dominam? Teu corpo fala mais alto? E se não dominas o próprio paladar, por certo não dominas forças instintivas mais fortes, concordas? O mais coerente é começar agora o treinamento para uma vontade mais forte.

65 – A tendência natural da mente é ser dispersa, vagar de um pensamento a outro. Esse modo aleatório de viver compromete a própria mente e o corpo, pois o resultado é o desperdício de *energia nervosa*. A mente serena, tranquila e calma conserva essa energia, que pode ser direcionada, trazendo progresso mais rápido na eficiência e eficácia em nossos cometimentos, seja na profissão, na família, na saúde, no crescimento espiritual e autorrealização.

66 – Como fazer para tranquilizar e ordenar a mente?

Considerações:

a. o homem pensa e sabe que pensa. Ele é capaz então de gerar os pensamentos que deseja;

b. pensamentos indesejados não devem ser suprimidos. Se os suprimimos eles penetram nos níveis subconscientes e inconscientes e vêm à tona em momentos inoportunos, como, por exemplo, durante uma prece, em que queremos harmonizar o pensamento;

c. a geração dos pensamentos desejados pode superar os pensamentos indesejados e reduzir a sua ocorrência, sem suprimi-los;

d. os pensamentos podem ser focalizados (concentrados) em algo – uma imagem, um símbolo, uma ideia, uma frase, de forma que a mente permaneça direcionada.

Estas afirmações são apoiadas pelas pesquisas da psicologia moderna. Os iogues, há milhares de anos, desenvolveram técnicas práticas para direcionar a mente e orientá-la para alcançar os diversos níveis de consciência. Foi daí que surgiram os rudimentos para a ciência da meditação. Baseados nesses estudos podemos afirmar com segurança que:

a. a alma é o espírito encarnado e é dotada de vários atributos tais como: individualidade, consciência, inteligência, vontade, livre-arbítrio e outros;

b. desse modo, ela se apresenta com uma personalidade dotada de intelecto (conhecimento e julgamento) e sentimento;

c. a alma é essência de natureza divina, imortal. O corpo é o seu veículo para que se manifeste no mundo físico;

d. a verdadeira natureza intrínseca da alma é ordeira, pacífica, forte, calma e perene;

e. todos devem aprender a conhecer-se a si mesmos, pois só assim conhecerão a própria essência de Deus – "Quem vê a mim vê o Pai". (Jesus);

f. todos são responsáveis pelos próprios pensamentos, sentimentos, experiências e ações;

g. pensamentos refletem emoções e desejos. O intelecto os julga, dirige tudo, e forma decisões. A decisão conduz para uma ação;

h. cada uma de nossas ações, mais ou menos significantes, gravam informações e impressões na nossa alma. Esses traços memoriais são impressões que, quando acumuladas, se manifestam sob a forma de tendências ou hábitos. Essas tendências determinam nosso caráter e formam nosso padrão de pensamentos;

i. a meditação para o auto-conhecimento possibilita detectarmos as más tendências e combatê-las, para o nosso melhoramento moral (Pergunta 919 de *O livro dos espíritos*).

> **VONTADE**
> EMOÇÕES + DESEJOS ⇅ PENSAMENTOS ⇅ AÇÕES ⇅ MEMÓRIA
> TENDÊNCIAS + HÁBITOS ⇅ CARÁTER

67 – Para evitar a assimilação de correntes mentais aleatórias, estranhas e indesejadas, o espírito André Luiz, no livro *Nos domínios da mediunidade*, no capítulo "Assimilação das Correntes Mentais", tem recomendado o "afeiçoamento aos exercícios da meditação, ao estudo edificante e ao hábito de discernir para compreender onde se situa a faixa de pensamento, identificando com nitidez as correntes espirituais" que têm sido assimiladas no dia-a-dia.

68 – Numa visão integral do homem, conforme as informações espíritas, podemos considerar um esquema de camadas interconectadas, sem fronteiras definidas, mas intercambiantes, que correspondem aos níveis de consciência, começando da mais grosseira (matéria) à mais sutil (essência espiritual), formando os campos de influência da individualidade, de acordo com seu crescimento em expansão consciencial para Deus:

> **CORPO**
> Matéria
> (Vibração: atração e repulsão.)
> ↕
> **CAMADA ENERGÉTICA – PERISPÍRITO**
> (psiquismo, sensibilidade, instinto, ação.)
> ↕
> **CAMADA MENTAL – ESPÍRITO**
> (inteligência, raciocínio, sentimento.)
> ↕
> **CAMADA INTUITIVA – CONSCIÊNCIA**
> (percepção, criptestesia, clarividência, plenitude.)
> ↕
> **BEM-AVENTURANÇA**
> (consciência divina ou pura.)

69 – Seria de algum interesse, senão de muito interesse, estudarmos aqui os efeitos psicofisiológicos da meditação. Temos cinco itens muito importantes para o início de nossos estudos:

a – diminuição dos ritmos da respiração e do pulso;
b – redução da pressão sanguínea;
c – redução da produção de ácido láctico que está relacionado com a ansiedade, com as neuroses e com outras tensões psíquicas;
d – aumento de atividade do sistema nervoso parassimpático (equilíbrio, tranquilidade);
e – aumento da atividade cerebral alfa (calma, tranquilidade, criatividade, intuição).

Meditação ativa – quando uma pessoa está concentrada no que faz, seja no trabalho, no dirigir, no comer, no escrever e até mesmo no andar, está ocorrendo algum tipo de meditação. Essa ocorrência, durante uma atividade que requer concentração mental monoideística, é a *meditação ativa*.

Meditação passiva – consiste em se sentar numa posição confortável, olhos fechados, e utilizar uma das técnicas de relaxamento, por alguns minutos, ou meditar no que se deseja, sem que haja interferências de outros assuntos. Isso exige uma vontade disciplinada que só o exercício favorece:

a – repetição oral ou mental, de palavras que possuam vibrações ressonantes, como os *mantras*, propostos pela escola oriental. Os cristãos costumavam repetir frases, cânticos ou rezas, como as do rosário. Existem, além dos *mantras*, palavras de origem cristã, como *amém, Jesus Cristo, meu Deus, louvado seja Deus*, e outros;
b – acompanhar a própria respiração com consciência da entrada e saída do ar;
c – conscientização de sons internos;
d – mentalização (visualização interna) de paisagens, florestas, mares, cachoeiras, montanhas, passagens evangélicas, etc.;
e – combinação das possibilidades acima mencionadas.

Perturbações externas como barulhos, movimentações das pessoas e de diversas outras origens podem acontecer durante a meditação, porém o segredo para um relaxamento eficaz consiste em não se preocupar, analisar ou lutar contra essas perturbações internas (pensamentos estranhos) e externas, mas persistir na técnica escolhida.

❧ Exercício 14

Escolher uma palavra, uma frase, e, sem mais nenhuma preocupação, mantê-la no pensamento por repetição, por meia hora, sem esforço mental exagerado, sem 'brigar' com outros pensamentos, sons ou ruídos que surjam. Simplesmente pensar apenas na palavra escolhida.

Este exercício deve ser iniciado com dez minutos diários no final do dia, na primeira semana; quinze minutos, na segunda semana; vinte minutos, na terceira; e trinta, na quarta. Trinta minutos diários dão uma boa *performance* inicial.

Espera-se um bom relaxamento, energização eficiente e um pensamento mais firme quando se faz ou se acompanha uma prece. Além disso, espera-se também um aumento no poder de concentração mental e a percepção de pensamentos estranhos. Podem acontecer também alguns lances anímicos de clarividência ou criptestesia.

Uma maneira de avaliar se a meditação está sendo realizada de modo correto é observar, pelo menos, três coisas: 1 – não se sentiu o tempo passar; 2 – o ritmo respiratório diminuiu e, de vez em quando, há uma inalação de ar mais profunda; 3 – logo nas primeiras vezes, o ritmo mental pode acompanhar o ritmo cardíaco.

Lembremo-nos de que este é apenas um exercício, e não uma meditação, no sentido de uma reflexão espírita para o autoconhecimento.

CAPÍTULO 9
MEDITAÇÃO E ESTADOS DE CONSCIÊNCIA

70 – O cérebro é o decodificador dos interesses da alma e diversas estados mentais manifestam-se pela atividade cerebral. Há, portanto, uma interação muito grande entre alma/cérebro/corpo. Toda essa atividade cerebral é determinada por ondas cerebrais que geram impulsos elétricos que podem ser medidos pelo eletroencefalograma (EEG), e os estados mentais refletem-se nos gráficos obtidos, que já foram padronizados:

Ondas Cerebrais		Grau de Vigília	
Estados	Hz/s	Características Físicas	Mentais
Beta b	14 – 30 média = 20	Tensão Hiperatividade Alto metabolismo	Vigília Excitação Inquietude
Alfa a	8 – 13 média = 10	Consciência passiva Relaxamento	Alerta Serenidade Pré-sonolência Criatividade Intuição
Theta θ	4 – 7 média = 6	Sem percepção	Sonolência
Delta δ	0,3 – 3,5 média = 3	Sono profundo	Inconsciência

Considerar amplitude, frequência e comprimento de fase das ondas.

71 – Vibrações Mentais

• Vibrações de alta energia sobrepujam as baixas;
• Se queremos mudar algo no mundo e na sociedade, devemos mudar primeiro algo em nós, pois cada um de nós é parte da consciência coletiva universal;
• Um recurso que temos à mão é a *meditação*, que é capaz de acalmar a mente, manusear o estresse e melhorar a concentração. Além disso, não podemos esquecer que facilitaremos nossa saúde psicossomática, regeneraremos nossa espiritualidade, expandiremos nossa visão e elevaremos nosso nível de consciência;
• Tudo isso aumentará nossa visão espiritual para uma vigilância segura e uma prece consciente.

Níveis Energéticos de Consciência

72 – É preciso compreender que a repetição de um som mental de ressonância psíquica, quando repetido conscientemente em consonância com a respiração, conduz a um estado de relaxamento profundo e um despertar da criatividade e da intuição, energizando de modo eficaz os centros de força. Isto já é conhecido pela ciência mântrica. Façamos um reestudo dos principais centros de força, plexos e glândulas endócrinas envolvidos, estabelecendo condições teóricas para as nossas meditações. Um exemplo sonoro de ressonância grosseiro é observarmos onde o nosso corpo vibra quando um tambor, tipo surdo, ressoa. Uns dizem que os órgãos da garganta tremem, outros, o peito, outros, o abdômen, e assim por diante. Mentalmente, certos sons mentais podem fazer vibrar nossos órgãos internos. Por exemplo, quando escutamos algo que nos traz lembranças ao sentimento, nosso coração dispara em leve taquicardia; quando algum som nos lembra uma coisa desagradável, balançamos a cabeça e fechamos os olhos para um esquecimento e uma fuga ligeira. É preciso saber que nossas glândulas endócrinas têm muita relação com isso tudo.

Plexos e Centros de Força	Glândulas Endócrinas	Mantras	Características
Coccígeo ou genésico	Gônadas	Lam	Instinto de sobrevivência
Sacro	Suprarrenal	Vam	Sexualidade e sensualidade
Epigástrico	Pâncreas	Ram	Dominação e submissão
Cardíaco	Timo	Yam	Compaixão e empatia
Laríngeo	Tireoide	Ham	Nutrição e criatividade
Medular	Hipófise	Om	Intuição, mediunismo, transe
Cerebral	Pineal	–	Consciência e biorritmo

Conforme informações de Harbans Lal Arora, em *Ciência moderna sob a luz do yoga milenar*.

Exercício 15

a – Escolhe um lugar tranquilo, com luz suave, senta-te o mais confortável possível, olhos fechados;

b – observa a tua respiração, sente a entrada e a saída de ar das narinas;

c – ao inspirar, mentaliza *energia e força*, ao expirar mentaliza *harmonia e paz*, por dez minutos;

d – concentra-te agora em teu rosto e sente as tensões dos músculos da face e em volta dos olhos. Faze uma imagem mental dessa tensão – pode ser um nó fechado ou um punho cerrado – depois imagina-o desaparecendo e a sensação de conforto que acompanha;

e – sente os músculos do rosto e dos olhos mais relaxados; enquanto isso acontece, sente uma onda de relaxamento espalhando-se pelo teu corpo;

f – movimenta lentamente cada parte do corpo – pescoço, ombros, costas, braços e antebraços, mãos, tórax, abdômen, coxas, pernas, tornozelos, pés – até que cada uma das partes do corpo esteja mais relaxada. Para cada parte do corpo, imagina mentalmente a tensão e depois imagina que ela se dissolve, permitindo o relaxamento;

g – em seguida, visualiza um portão de jardim, com colunas de mármore branco, cercado de flores de várias cores e plantas de vários tipos. Ultrapassa o portão e chega numa alameda de grandes árvores. O sol está brilhante e o céu, azul. Visualiza os canteiros de flores, rosas, cravos, jasmins de todas as cores. Goza o aroma das flores e o cheiro da grama e das plantas;

h – sente que estás sendo atraído por um botão de rosa vermelha de aroma muito agradável. Quando te aproximas, a rosa vermelha desabrocha aos poucos até que te identifiques com ela, és a rosa;

i – imagina-te bem, cheio de saúde e vitalidade, feliz, nada te aborrece, és pura paz, um ser pacífico. Saem de ti serenidade e segurança;

j – sente a tua respiração, a entrada e saída de ar das narinas. Deixa os músculos de tuas pálpebras levantarem-se e prepara-te para abrir os olhos; devagar, abra os olhos, fecha-os novamente, abra-os de novo e restabelece contatos com o local onde te encontras;

k – anota todas as tuas percepções especiais, as vantagens que vão se desenvolvendo em ti, qualquer intuição ou sensação diferente experimentada;

l – esse exercício pode ser gravado e as ordens ouvidas de modo pausado. Ele deve ser realizado uma vez por dia (vinte minutos) e, se a pessoa estiver doente, três vezes ao dia;

m – quanto à eficácia, espera-se uma melhor *performance* da força de vontade, desenvolvimento da concentração mental, da atenção, do poder mental e, principalmente, de uma paz interior capaz de extravasar, exalando para os familiares e todos os que se aproximam. Esta é apenas mais uma técnica de relaxamento, existem muitas outras, na literatura, que estão à disposição do leitor.

MEDITAÇÃO E RESPIRAÇÃO

73 – A respiração é um bom recurso para, conjugada com a meditação básica, a obtenção de um relaxamento e uma razoável energização. O ritmo respiratório, inalação e exalação do ar é um bom sistema para se alcançar a calma e a quietude mental.

Acrescente-se uma melhor oxigenação e uma ótima expulsão dos resíduos carbônicos dos pulmões, e aí teremos um estado ótimo de respiração celular, com a combustão completa dos açúcares e gorduras, num balanço excelente entre gasto e ganho energético, a nível celular, que automaticamente se reflete em todo o corpo com melhora do ânimo, da disposição para o trabalho. É excelente atividade, principalmente antes das reuniões espíritas noturnas, após um dia cheio de serviço.

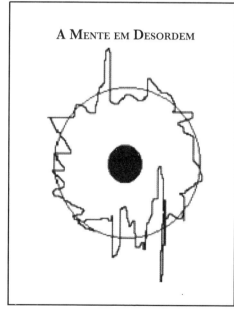

A MENTE EM DESORDEM

Consciente, com criação de pensamentos diversos, desarticulados, não-interligados, com perda de energia livre.

Pensamentos próprios e estranhos. Obsessões.

A cada mudança de pensamento, é energia nervosa perdida.

A ordem interna não consegue transcender do interior para o exterior inquieto.

A Mente que Medita	Monoideia escolhida. Pensamento desejado. Uma única onda mental. Vontade forte. Conhecimento de si mesmo. Pacificação. A ordem interna de consciência cósmica começa a transcender calma, segurança, paz, ordem mental, equilíbrio.

❦ Exercício 16
Respiração Completa

(Conforme instruções de Yogi Ramacharaka, em *A ciência indu-yogi da respiração*: manual completo da filosofia oriental sobre a respiração)

1

a – De pé ou sentado, com o busto ereto, respirando pelas narinas, inala-se firmemente, enchendo primeiro a parte inferior dos pulmões, o que se obtém pondo em movimento o diafragma, o qual, ao descer, exerce uma leve pressão sobre os órgãos abdominais e empurra a parede frontal do abdômen para fora (enche a barriga);

b – Depois, enche-se a região média dos pulmões, fazendo sair as costelas inferiores, externo e peito;

c – Imediatamente, enche-se a parte superior dos pulmões, seus ápices, levantando-se o peito mais um pouco, incluindo os seis ou sete pares de costelas superiores;

d – Com um movimento final, a parte inferior do abdômen se contrairá ligeiramente, cujo movimento apoiará os pulmões e auxiliará a encher a parte superior deles.

À simples leitura parecerá que esta respiração consiste em três movimentos distintos, no entanto, essa ideia não é exata. A inalação é contínua e toda a cavidade torácica, desde o diafragma até o ponto mais elevado do peito, na região clavicular, dilata-se num movimento uniforme. Observa a respiração de uma criancinha ou de um animal como o cachorro, é completa. A do homem adulto também deveria ser, mas não é, devido à vida sedentária e a uma preguiça viciosa. A respiração do adulto é curta, o que traz, ao longo do tempo, sérios problemas corporais com reflexos na saúde.

Devem-se evitar as inalações bruscas e esforçar-se por obter uma ação regular e contínua. A prática dominará rapidamente a tendência em dividir a inalação em três movimentos e dará como resultado uma respiração contínua e uniforme. Bastarão poucos ensaios para que se possa completar a inalação do ar de modo adequado. Mas é preciso começar. A saúde mental requer uma saúde corporal concomitante.

2
e – Reter a respiração alguns segundos.

3
f – Exalar lentamente, mantendo o peito em posição firme, entrando um pouco o abdômen e elevando-o vagarosamente à medida que o ar deixa os pulmões. Quando o ar for completamente exalado, afrouxa-se o peito e o abdômen.

🕸 EXERCÍCIO 17

Relaxamento e energização rápida, quando se deseja, por exemplo, ir bem-disposto a um evento, reunião ou sessão espírita, etc.

Utilizando-se a técnica da respiração completa, inalar e exalar o ar com acompanhamento mental:

a – Ao inalar o ar, pensa-se *energia*;
b – Ao exalar o ar, pensa-se *paz*.

Isso durante dez minutos. É um exercício que deve ser realizado sempre ao final de um dia de trabalho cansativo, após atividades estafantes, principalmente antes de reuniões noturnas.

Meditação Espírita

74 – O meio mais prático e eficaz para a melhoria de nossa vida é a direção que nos aponta o axioma: "Conhece-te a ti mesmo", como afirmou santo Agostinho a Kardec, na pergunta 919 de *O livro dos espíritos*. Esse sábio espírito orientou que a *meditação* é o melhor caminho para que se alcance a meta de melhorar-se:

> Fazei o que eu fazia de minha vida sobre a Terra: ao fim da jornada, eu interrogava minha consciência, passava em revista o que havia feito, e me perguntava se não havia faltado a algum dever, se ninguém tinha nada a se lamentar de mim. Foi assim que eu consegui me conhecer e ver o que havia para reformar em mim.

Na continuidade de sua fórmula para a aquisição do conhecimento de si mesmo, santo Agostinho asseverou:

> Aquele que, cada noite, lembrasse todas as ações da jornada e se perguntasse o que fez de bem ou de mal, pedindo a Deus e ao seu anjo guardião para o esclarecer, adquiriria uma grande força para se aperfeiçoar, porque, crede-me, Deus o assistiria.

A proposta de santo Agostinho é clara quanto ao que seria a meditação espírita, para se alcançarem os objetivos da segurança pessoal em termos de firmeza de propósitos:

> Questionai, portanto, e perguntai-vos o que haveis feito e com qual objetivo haveis agido em tal circunstância; se haveis feito uma ação que não ousaríeis confessar.

Seguem alguns questionamentos mais profundos, propostos por santo Agostinho:

> a – Se aprouvesse a Deus chamar-me neste momento, reentrando no mundo dos espíritos, onde nada é oculto, eu teria o que temer diante de alguém?

b – Examinai o que podeis ter feito contra Deus, contra vosso próximo e, enfim, contra vós mesmos.

As respostas, diz ele, "serão um repouso, para vossa consciência ou a indicação de um mal que é preciso curar". Quanto mais um indivíduo se conhece a si mesmo, mais perto estará de neutralizar todas as suas imperfeições. A meditação é a chave para o auto-conhecimento, que, por sua vez, é o caminho mais acertado para o progresso espiritual. Santo Agostinho detalhou mais os seus questionamentos para o auto-conhecimento:

> Quando estiverdes indecisos sobre o valor de uma de vossas ações, perguntai-vos como a qualificaríeis se fosse feita por outra pessoa; se a censurais em outrem, ela não poderia ser mais legítima em vós, porque Deus não tem duas medidas para a justiça.

Os bons conselhos jorram das palavras do sábio espírito Agostinho, aquele que fora o antigo bispo de Hipona, considerado santo pelos homens, facilitando a meditação para o auto-conhecimento, e acertadamente para a autorrealização:

> Procurai saber, também, o que pensam os outros a respeito, e não negligencieis a opinião dos vossos inimigos, porque estes não têm nenhum interesse em dissimular a verdade e, frequentemente, Deus os coloca ao vosso lado como um espelho para vos advertir com mais franqueza que o faria um amigo.

Agostinho, praticamente, ofereceu, etapa por etapa, todos os passos para uma meditação séria e justa, a fim de que o trabalhador de boa vontade saiba conduzir-se bem nos treinos iniciais para uma mente sadia e uma vontade forte:

> Que aquele que tem vontade séria de se melhorar explore, pois, sua consciência, a fim de arrancar dela as más tendências, como arranca as más ervas do seu jardim; que faça o balanço de sua jornada moral, como o mercador faz de suas perdas e lucros, e eu vos asseguro que a um lhe resultará mais que a outro.

Enfim:

Se ele puder dizer que sua jornada foi boa, pode dormir em paz, e esperar sem receio o despertar de uma outra vida.

Os conselhos de santo Agostinho não param por aí, sempre recheados de exemplos práticos. Disse ele mais:

> Colocai, pois, questões claras e precisas e não temais de as multiplicar: podem-se dar alguns minutos para conquistar uma felicidade eterna.

É preciso separar alguns minutos diários da nossa vida para a meditação e para a prece sinceras. A meditação, sem dúvida, oferece a melhor opção para a percepção dos melhores caminhos na jornada terrestre. As outras coisas, todos têm feito, como trabalhar, estudar, brincar, mas e a vida espiritual? A verdadeira vida é a espiritual, a vida corpórea é um estágio limitado nas aparências do mundo. A respeito disso, santo Agostinho colocou outras ponderações:

> Não trabalhais todos os dias com o objetivo de amontoar o que vos dê repouso na velhice? Esse repouso não é o objeto de todos os vossos desejos, o alvo que vos faz suportar as fadigas e as privações momentâneas? Pois bem! O que é esse repouso de alguns dias, perturbado pelas enfermidades do corpo, ao lado daquele que espera o homem de bem? Isso não vale a pena de fazer algum esforço? Sei que muitos dizem que o presente é positivo e o futuro incerto; ora, eis aí precisamente o pensamento que estamos encarregados de destruir em vós, porque desejamos vos fazer compreender esse futuro de maneira que ele não possa deixar nenhuma dúvida em vossa alma. Por isso, primeiro chamamos vossa atenção para os fenômenos, de natureza a impressionar vossos sentidos, depois vos demos instruções que cada um de vós se acha encarregado de divulgar. Foi com esse objetivo que ditamos *O livro dos espíritos*.

Allan Kardec, depois desses conselhos e instruções de santo Agostinho acerca do móvel da meditação, também fez as seguintes ponderações:

> Muitas faltas que nós cometemos passam desapercebidas para nós. Se, com efeito, seguindo o conselho de santo Agostinho, interrogássemos mais frequentemente nossa consciência,

veríamos quantas vezes falimos sem o perceber, por falta de perscrutar a natureza e o móvel de nossos atos. A forma interrogativa tem alguma coisa de mais precisa do que uma máxima que, frequentemente, não aplicamos a nós mesmos. Ela exige respostas categóricas, por um sim ou por um não, que não deixam alternativa; são igualmente argumentos pessoais e pela soma das respostas pode-se calcular a soma do bem e do mal que está em nós.

Ora, com essa técnica, podemos obter muito mais, como foi demonstrado antes. Os médiuns ganham maior segurança na definição de seus próprios pensamentos, desqualificando aqueles que não são bons e aceitando os superiores. O perigo de falirem é muito menor, pois esse esforço terá reflexo imediato na vigilância mental, profundas consequências na precisão da prece, a serenidade há de se instalar e a paz transcenderá deles. O perigo de obsessão por interferências malignas será muito menor. Tudo isso trará maior segurança no trabalho coletivo.

❦ Exercício 18

Todas as noites, antes de deitar-te para dormir, faze uma leitura rápida de um pequeno trecho de um bom livro espírita, depois medita por uns cinco minutos (pode ser mais), relacionando o texto lido com as próprias ações da tua jornada do dia. Após isso, quando estiveres sentindo tranquilidade e paz, sem nenhum outro pensamento incomodando, faze tua prece a Deus, conversando com Ele sobre as principais e importantes questões que têm trazido preocupações, necessidades ou mesmo, se for o caso, uma conversa de filho para com o Pai.

A leitura edificante direciona o pensamento;
a meditação coordena a mente;
a vigilância mental protege a consciência;
a prece provoca o intercâmbio com as energias divinas.

Como vês, não há melhor orientação para um médium colocar-se em sintonia com seus guias espirituais que agem em nome de Deus. Espera-se uma melhor *performance* imediata para uma entrada em mundos de vibrações boas no desprendimento subsequente do sono, e, a longo prazo, melhoria da personalidade à medida que as imperfeições vão sendo pensadas, questionadas e neutralizadas.

Percepções e Canais Psíquicos

75 – É fundamental que se compreenda que é mais importante a *percepção da realidade espiritual ou psíquica* do que o canal pelo qual vem a informação. Por exemplo, um médium pode psicografar páginas inteiras e ser mistificado. Isso pode acontecer até mesmo nos fenômenos de vidência, quando o médium pode ver um espírito ou um cenário e não saber do que se trata. Isso é muito comum, portanto é justo que se procure desenvolver nos médiuns a captação da realidade espiritual que se apresenta, e não apenas produzir fenômenos, quaisquer que sejam, para que haja um aproveitamento máximo das possibilidades medianímicas.

Vejamos, segundo o espírito Áulus, na obra, de André Luiz, *Nos domínios da mediunidade*, qual o mecanismo básico da assimilação das correntes mentais que chegam ao médium quando ele entra em contato com outra entidade:

> Vimos aqui o fenômeno da perfeita assimilação de correntes mentais que preside habitualmente a quase todos os fatos mediúnicos. Para clareza de raciocínio, comparemos a organização de Silva, nosso companheiro encarnado, a um aparelho receptor, quais os que conhecemos na Terra, nos domínios da radiofonia. A emissão mental de Clementino, condensando-lhe o pensamento e a vontade, envolve Raul Silva em profusão de raios que lhe alcançam o campo interior, primeiramente pelos poros, que são miríades de antenas sobre as quais essa emissão adquire o aspecto de impressões fracas e indecisas. Essas impressões apoiam-se nos centros do corpo espiritual, que funcionam à guisa de condensadores, atingem, de imediato, os cabos do sistema nervoso, a desempenharem o papel de preciosas bobinas de indução, acumulando-se aí num átimo e reconstituindo-se, automaticamente, no cérebro, onde possuímos centenas de centros motores, semelhantes a milagroso teclado de eletroímãs, ligados uns aos outros e em cujos fulcros dinâmicos se processam as ações e as reações mentais, que determinam vibrações criativas, através do pensamento ou da palavra, considerando-

se o encéfalo como poderosa estação emissora e receptora e a boca (psicofonia) por valioso alto-falante. Tais estímulos se expressam ainda pelo mecanismo das mãos e dos pés ou pelas impressões dos sentidos e dos órgãos, que trabalham na feição de guindastes e condutores, transformadores e analistas, sob o comando direto da mente.

Assim, antes do repasse da informação, o médium deve assegurar-se do que realmente está recebendo, estabelecer certezas e, seguro, passar a mensagem, seja qual for o canal a que está mais afeito. A graduação das forças mentais em jogo, entre o comunicante e o médium, fica a cargo dos espíritos responsáveis pela tarefa, quando não houver sintonia natural e espontânea. É importante observar que o pensamento do espírito que se comunica é graduado de acordo com a capacidade do médium e do ambiente que o cerca.

76 – A percepção está relacionada com os raios mentais que chegam ao médium, que não enganam nunca, mesmo se um espírito queira mistificar, dizendo-se alguém que não é. Isso faz parte dos exercícios mediúnicos de aprimoramento da personalidade mediúnica: saber o que está ocorrendo. Por exemplo, o médium sente uma dor de cabeça que não sentia antes, o que deve fazer? Concentrar-se, atento às influências que lhe chegam, usando a mente à guisa de um radar, observando em torno, até que perceba a origem dos raios mentais que lhes chegam e identificando o seu emissor, que nesse caso pode ser um espírito doente, mau, ou alguém que solicitou ajuda. Aqui, criamos a figura do *radar mental*, na falta de um termo melhor. Mas estamos trabalhando com raios mentais, a nossa mente é emissora e receptora de raios mentais, usemos esses conhecimentos em benefício dos trabalhos. A primeira atitude do médium quando percebe uma influência mental qualquer é tentar identificá-la; caso não consiga, deve perguntar ao seu guia espiritual ou a um espírito amigo próximo. Não ficará sem resposta. Mas saiba o que está ocorrendo e não seja dependente de outrem, nem do dirigente. Essa atitude criará em torno do médium uma aura de confiança junto ao grupo.

77 – *Transe canalizado* – Será de muito auxílio a utilização do transe canalizado, quando o médium entra em transe dirigido,

com objetivo definido, sem desvios para essa ou aquela outra percepção. O dirigente diz ao médium por que ele deve entrar em transe e qual o objetivo a ser alcançado. Sabendo, de antemão, que não existem barreiras materiais para o espírito emancipado do corpo, o médium disciplinado procurará alcançar o objetivo. Quando as forças em jogo forem maiores do que as dele, possivelmente ele não conseguirá definir a situação, chegando apenas a perceber sua localização e os envolvidos encarnados e desencarnados. Nesse caso, o mesmo problema deve ser encaminhado a todo o grupo de médiuns, inclusive o que não conseguiu as informações solicitadas. Invariavelmente, quando fortalecido por um campo psíquico maior (veja adiante Varredura Anímica), ele conseguirá mais facilmente definir a situação. Caso ainda não se consiga nada, a prece específica será de grande valia.

❦ Exercício 19

Proponha ao dirigente a utilização do transe canalizado, em separado, e depois unido ao grupo, contra o mesmo objetivo. Verás que, no segundo caso, haverá mais facilidade e melhor alcance. O transe canalizado deve ser treinado. Não é assim tão simples, mas se houver perseverança nos companheiros que queiram desenvolver esse recurso, só haverá aprimoramentos e nenhum escolho. Os resultados esperados são: a direção dos raios mentais terão mais precisão, sem perdas energéticas; o alcance da percepção aumentará com melhoria do padrão mental do grupo. Exemplo: o dirigente, sabendo que há problemas em determinado setor do centro ou em uma outra instituição, ou mesmo que uma pessoa precisa de ajuda, sem nada informar ao médium, pede a ele que procure tal endereço, nome, etc. e veja o que há, qual o problema, por que ele existe e o que poderia ser feito para ajudar. Aguarda o transe (três minutos) e solicita ao médium que descreva o que percebeu. Depois compara tudo com o seu prontuário ou protocolo. De exercício em exercício, os médiuns haverão de melhorar do desempenho.

CAPÍTULO 10
VARREDURA MEDIANÍMICA

78 – Após observação de diversos médiuns, no nosso Círculo de Pesquisa Espírita, concluímos pela veracidade das afirmações de Allan Kardec, quando o Codificador se decidiu pelo reconhecimento das forças que denominou *mediamínicas*, em seu livro *Definições espíritas* (Publicações Lachâtre): *mediamínica*, o mesmo significado do termo usado por Aksakof – *medianímica*. Significa que os médiuns também possuem uma força natural de suas próprias almas, que, emancipadas, podem produzir os mesmos fenômenos que os espíritos desencarnados produzem, pelos médiuns. Diz Kardec no número 25 do parágrafo 4 do capítulo *Manifestações dos espíritos*, em *Obras póstumas:*

> A independência e a emancipação da alma se manifestam, de maneira evidente, sobretudo no fenômeno do sonambulismo natural e magnético, na catalepsia e na letargia. A lucidez sonambúlica não é senão a faculdade que a alma tem, de ver e sentir sem o concurso dos órgãos materiais. É um dos seus atributos essa faculdade e reside em todo o seu ser, não passando os órgãos do corpo de estreitos canais por onde lhe chegam certas percepções. A visão à distância que alguns sonâmbulos possuem provém de um deslocamento da alma que então vê o que se passa nos lugares a que se transporta. [...] Esse afastamento ou desprendimento pode também operar-se, em graus diversos, no estado de vigília.

Seguem-se a essas forças anímicas as forças mediúnicas, num conjunto de forças medianímicas, conforme especificações de Kardec em *O livro dos médiuns*, quando da análise do "Quadro Sinóptico" (Cap. XVI). Assim, por exemplo, um médium com poderes psicoscópicos (vidência) vê a cena do problema que lhe é proposto, mas quase nunca pode decidir por ele mesmo o que fazer, e é aí que os seus espíritos guias passam-lhe as instruções devidas e a presença do doutrinador se faz eficiente. Temos, pois, dois fenômenos espíritas distintos: o anímico e o mediúnico; é impossível estabelecer-lhes fronteiras precisas, pois eles parecem em certos momentos se completarem em medianímicos.

79 – Verifica-se também que os médiuns não têm variedades medianímicas estanques, como, por exemplo, se um médium é psicógrafo, então seria somente psicógrafo; se psicofônico, apenas psicofônico. Não é bem assim. Um médium é aquela pessoa capaz de fazer transe de tal modo que a possibilita comunicar-se com o mundo invisível, e a psicografia, a psicofonia, a psicopraxia, a psicoscopia, e outras possibilidades são apenas canais mais ou menos desenvolvidos. Assim, um médium psicofônico poderá dar mais informações a respeito de uma determinada manifestação de um espírito por seu intermédio do que se pode pensar à primeira vista. Basta que o doutrinador o perquira a respeito, e verá que o médium tem importantes informações a dar.

Ficou bastante evidente, depois de experimentos prévios, ainda não-publicados, que o fator que mais deve ser valorizado no trabalho espírita não é propriamente nem a vidência, nem a psicografia, nem a psicofonia, nem nenhuma das outras variedades mediúnicas ou anímicas, que são apenas canais, mas a clareza da *percepção* da alma do percipiente ou médium. Essa *percepção* deve ser precisa e útil, o que requer treinamento. O médium pode extravasar suas percepções por qualquer um desses canais, principalmente por aquele para o qual tem mais aptidão. As técnicas aqui propostas, em geral, já vêm sendo utilizadas pelos espíritas, sem, contudo, que se proponham a mantê-las sob sério controle científico e critérios de avaliação e emprego adequado de cada força encontrada nos médiuns.

Em nossos trabalhos, houve uma tentativa de organizar essas forças postas em movimento, com certo êxito. São forças psíquicas, que merecem todo o cuidado e direção, para que não se dispersem em perdas de tempo e energia. Os trabalhos foram baseados no possível vasculhamento psíquico que acontece quando um sujeito, dotado de alguma força paranormal, se coloca a perceber o que se pede, fazendo transe canalizado, específico, sem dispersões mentais. Não é preciso dizer da necessidade de exercícios até que resultados seguros se apresentem, a olhos vistos, no controle estabelecido. Os raios psíquicos ou mentais do médium ou dos médiuns fazem uma verdadeira *varredura* (anímica ou medianímica), analisando todos os pormenores que lhes são possíveis de alcançar, dentro dos níveis psíquicos de cada um dos sensitivos. Para melhor entendimento, seria interessante decidir aqui o que se deve entender por *varredura*, visto que os termos anímico e mediúnico são do conhecimento geral:

> **Varredura.** Em física, significa uma operação em que um feixe de partículas carregadas (elétrons ou íons) é obrigado a se deslocar, usualmente num plano determinado, pela ação de um campo elétrico ou magnético variáveis. Em termos de radar ou de sonar, é um ato de fazer uma emissão de ondas percorrer seguidamente determinado setor, ou toda a volta em torno, em busca de possíveis alvos.
> (Hollanda, Aurélio. *Novo dicionário da língua portuguesa*.)

80 – Em psiquismo, está se propondo uma variedade medianímica de varredura no campo da irradiação mental ou da perscrutação ou vasculhamento por raios mentais, numa amplitude muito grande de alvos. Assim, numa *varredura anímica*, o médium ou percipiente vasculha psiquicamente outrem ou determinadas situações, colocando toda a sua capacidade de percepção espiritual para entender a realidade da psicosfera que sofre sua ação. Na *varredura medianímica*, o médium se propõe a trabalhar com todos os seus potenciais anímicos e mediúnicos, em favor da análise de um caso:

VARREDURA ANÍMICA

Trata-se da irradiação mental, já tão conhecida no meio espírita, quando o médium emite seus pensamentos (raios mentais) em direção ao paciente para transmitir-lhe energia. Alguns chamam de passe à distância, quando se quer fazer essa transmissão energética de ordem psíquica. Só que, sob observação protocolar, é possível verificar que o médium, ao irradiar em direção a alguém, tem percepções também, e essas percepções são valiosas informações para o diagnóstico espírita, importantes para o esclarecimento dos problemas, bem como para captação de orientações sobre procedimentos favoráveis à resolução deles.

De modo isolado, o médium tem suas limitações, mesmo no campo psíquico. Tornou-se óbvia, então, em nossos experimentos, a necessidade de se realizar uma varredura com pelo menos três médiuns, com resultados ótimos quando se utilizam cinco pessoas. Três médiuns, nos trabalhos prévios, geralmente eram suficientes para esclarecer um caso e definir-lhe os rumos. Verificamos que a varredura anímica funciona muito bem nos casos de doenças físicas, embora possa ser empregada em quaisquer outros tipos de problemas.

ᕟ Exercício 20

Num grupo de trabalhadores espíritas de boa vontade (cinco pessoas, pelos menos três médiuns), conseguir uma harmonia inicial, utilizando-se de uma boa leitura para meditação, depois uma prece pelo ambiente, por todos os presentes, e evocando a presença dos bons espíritos. O investigador, ou dirigente, pergunta aos médiuns o que perceberam durante a prece, que informarão da segurança espiritual conseguida, logo, que há formação de um campo protetor ligando todos mentalmente (a antiga corrente mental). Então, o investigador, de posse de um prontuário do paciente 1, pede a um dos médiuns que irradie até ele e colha informações e tente ajudar no que puder. Dê-lhe três minutos (tempo considerado bom em nossos experimentos). A seguir, faça-lhe perguntas sobre o paciente: O que ele tem? Por que está doente? Como ajudar? O que se pode fazer mais pelo paciente? Anotem-se todas as respostas. Depois de um tempo em que o médium inclusive já tenha participado de outras atividades, pede-se ao grupo todo que irradie novamente em direção ao paciente 1. Após três minutos, questionem-se os médiuns sobre as suas impressões e resultados obtidos, como foi feito antes com um só médium. Espera-se que a ação seja muito mais vigorosa e decisiva e que o médium, que antes havia trabalhado de modo isolado, tenha um alcance psíquico muito maior, uma ação mais eficaz e uma lucidez mais precisa. Ele mesmo reconhecerá isso. É claro que o prontuário deverá ser preenchido devidamente e depois estudado junto a todos para aprendizado geral. Posteriormente, deve-se procurar saber do paciente, do seu estado e de suas condições, com intuito de estudo e comparações. Neste exercício, apenas o nome, a idade, o sexo e o endereço do paciente devem ser informados aos médiuns, para que não haja induções indevidas, quando se quer usar a técnica para pesquisa. Porém, quando se quer maior eficácia no tratamento de alguém, e só esse intuito existe no grupo, quanto mais o médium souber do que se passa, e quanto mais o médium se condoer dos problemas do paciente, quanto mais ele se envolver, muito maior vai ser a eficácia da ação irradiativa – é o amor aplicado, cujo nome é caridade.

81 – De posse das experimentações colhidas nos casos em que foi empregada a varredura anímica, aos poucos podemos ir usando os recursos medianímicos que forem despontando.

Varredura medianímica

Operação medianímica proposta que consiste em um vasculhamento psíquico a um determinado alvo ou objetivo.

1 – sondagem: o alvo ou objeto (pessoa, local, situação, etc.) é mostrado para médiuns para que eles o vasculhem psiquicamente e recebam instruções medianímicas a respeito do que se pediu;

2 – quatro questões básicas devem ser resolvidas nessa técnica: a) Qual é o problema? b)Qual a causa do problema? c) O que fazer para ajudar? d) Quais as recomendações que possam favorecer a solução do problema?

3 – após receberem psiquicamente todas as informações a respeito do que foi solicitado, os médiuns então usam de seus recursos medianímicos para comunicar os resultados de suas percepções;

4 – uma das maiores vantagens desta técnica é que o paciente, se for o caso, recebe os recursos psíquicos na hora em que está sendo vasculhado. Depois receberá as instruções amealhadas que lhe sejam úteis.

De posse das informações, o investigador poderá, com os dados coletados antes no prontuário, fazer seu laudo e tirar suas conclusões, que deverão ser discutidas com todos. Neste caso, os médiuns só recebem antecipadamente os dados identificadores do paciente, nada mais. Os resultados são interessantes e possibilitam muitas observações, além de demonstrar que um médium só percebe apenas o que lhe é possível, em seu nível psíquico, e é complementado pelos outros. O médium que não for humilde não consegue permanecer nesse tipo de trabalho, pois ele nunca será considerado principal, apenas mais um colaborador. Os médiuns que permanecerem farão um bom trabalho. Caso o grupo consiga uma boa *performance* e um campo psíquico harmônico, um médium potencializará o outro naquilo que tem de melhor. Aqui também os resultados são muito bons.[6]

82 – Os resultados são perfeitamente reprodutíveis na aplicação dessas técnicas. Na varredura anímica, explora-se a força anímica, valorizando as percepções obtidas quando o médium se concentra em determinado objetivo. Na variedade medianímica, os médiuns devem agir com todas as suas possibilidades anímicas e mediúnicas. Quando lhes é dado um objetivo, devem canalizar mentes, e procurar obter todas as informações possíveis, inclusive a ajuda espiritual, perguntando aos amigos, guias e protetores a razão das coisas e as formas de ajudar. Na varredura medianímica, não apenas as percepções devem ser consideradas, mas todas as variedades mediúnicas possíveis devem ser utilizadas, tais como os canais da psicografia, da psicofonia, vidência, intuição, etc. Nas duas técnicas, sempre está sendo empregado o chamado *transe canalizado* (volte ao item 47), quando o percipiente ou médium tem suas forças canalizadas ou dirigidas para um objetivo, sem dispersões desnecessárias, sem perda de energias nobres, com aproveitamento máximo dos recursos medianímicos.

Nota: Comportamento protocolar ou uso do prontuário – Dessa forma obtêm-se vantagens muito significativas, pois os médiuns não terão receios de estarem errando ou sendo misti-

---

[6] Nota da Editora: os resultados positivos da aplicação desta técnica estão publicados em diversas obras de Palhano Jr., como *Laudos espíritas da loucura*, *O livro da prece*, *Viagens psíquicas no tempo* e *Evocando os espíritos*.

ficados, pois tudo está sob controle e ele será informado, caso as suas percepções não estejam sendo úteis ou que estão sendo úteis, nessa ou naquela condição, quando então poderá reconhecer em si mesmo o tipo de influência benfazeja que justifique sua atenção. O acompanhamento protocolar permite ainda descobrir, além de todas as possibilidades medianímicas dos médiuns, qual seria a especialidade de cada um, e ainda mais, onde suas forças podem ser mais aproveitadas. Por exemplo, um médium psicofônico, com certeza não é apenas psicofônico; ao receber a influência de uma entidade espiritual que se manifesta, ele tem muitas percepções que precisam ser valorizadas, e não apenas a sua transmissão verbal. Sob controle, a varredura medianímica evita ainda que os médiuns sejam verdadeiros 'sacerdotes', distribuindo orientações e deduzindo eles mesmos o significado de suas percepções, o que é extremamente pernicioso, como se tem visto na prática espírita, quando os médiuns adquirem certa supremacia sobre a comunidade. A proposta de Allan Kardec não foi essa. Kardec anotava e recolhia as informações mediúnicas, catalogava-as, analisava-as, comparava-as, e depois emitia o seu parecer, escolhendo para publicar as mensagens mais coerentes. Quando tinha alguma dúvida, submetia-as ao parecer dos espíritos, pelos médiuns, e procedia da mesma forma. Por isso sua codificação é tão segura e difícil de ser contestada. Esse procedimento evita supremacias dentro do grupo de trabalho, visto que todas as percepções são valorizadas.

83 – É evidente que, na varredura medianímica, os médiuns só devem receber as informações que possam identificar o paciente, nunca o diagnóstico pronto, pois visa-se a que eles descubram a natureza íntima dos problemas, evitando-se assim que sejam induzidos para esse ou aquele sintoma. Esse vasculhamento psíquico permite, entre outras coisas, retroceder ao passado e avançar no futuro, dependendo da expansão de consciência dos médiuns. Pode ser empregado, por exemplo, na varredura psicométrica, quando se quer descobrir uma pessoa desaparecida; e isso não é só teoria. Outra utilização é para saber dos destinos de um ente querido já falecido, o que conforta muito as pessoas que sofrem saudades pela separação. Quando a informação, nesses

casos, é verdadeira, os parentes envolvidos, em geral, percebem e se sentem reconfortados e consolados. Isso pode ser experimentado como exercício. As percepções dos diversos médiuns completam-se e não deixam dúvidas a respeito do assunto pesquisado.

❧Exercício 21

Com um prontuário bem-informado sobre um paciente de seu conhecimento, peça aos médiuns (três no mínimo) que procurem por ele (nome, idade, sexo, endereço, estado civil) e descubram qual o seu problema, a causa dele, o que podem fazer para ajudar imediatamente, quais as recomendações para o caso. Não há tempo-limite preestabelecido; à medida que os médiuns vão terminando, recolhem-se os dados. Faz-se um laudo que deve ser discutido com o grupo e depois encaminhado ao paciente, se foi ele quem pediu a orientação.

❧Exercício 22

Nem sempre os médiuns conseguem saber se um paciente está desencarnado ou não, por isso, é sempre interessante a realização de exercícios para detectar quais os médiuns que têm facilidade de descobrir essa questão. Pode ser que o grupo receba um pedido de ajuda e não seja informado de que o paciente está desencarnado. O médium às vezes não sabe, porque ele vê o paciente (o seu perispírito) e não faz diferença se não estiver atento para a questão. Sugerimos o seguinte: numa lista de vinte e cinco nomes, cinco devem ser de pessoas falecidas e desconhecidas do grupo. Cópias dessa lista devem ser distribuídas com os médiuns e que eles marquem com um X os nomes dos desencarnados. Aos poucos, aqueles médiuns que tiverem esse tipo de percepção acertarão todos os nomes de desencarnados, com segurança. Num desses exercícios em nosso Círculo de Pesquisa Espírita, levamos uma lista de nomes só de pessoas desencarnadas. Uma das médiuns, olhou-nos espantadas e disse: "Tens aí um cemitério nas mãos." Noutra oportunidade, alguns dos desencarnados vieram saber do que se tratava, quando foram informados da seriedade da pesquisa, acharam interessante e foram embora. Esse exercício pode ser feito com nomes de animais ou de pessoas que não existem. É preciso lembrar que esses exercícios nunca devem ser realizados para testar a honestidade dos médiuns, mas como treinamento, até porque, o máximo que se conseguirá testar é se o médium desenvolveu ou não essa capacidade, o que não excluirá a possibilidade dele ser portador de outros dons mediúnicos. É importante, mais uma vez, repetir que são características indispensáveis a um bom desempenho da mediunidade a *honestidade*, a *humildade* e a *vigilância*. Com o decorrer dos exercícios que propomos nesta obra, os médiuns desonestos, invigilantes e orgulhosos excluir-se-ão por si mesmos.

Exercício 23

Uma outra modalidade na solicitação de orientação mediúnica, é não colocar se o paciente está desencarnado e perguntar aos médiuns para determinar quais são os desencarnados. No início os médiuns sentirão maior dificuldade, mas, com o decorrer do exercício, eles começarão a identificar os desencarnados.

CAPÍTULO 11
AUTODEFESA

84 – Todos os espíritas que querem realizar um trabalho sério e duradouro devem estar atentos para que não haja aberturas psíquicas por onde pensamentos inferiores possam penetrar e instalar-se, num processo de infestação espiritual. Todo processo de autodefesa deve começar em cada um dos componentes do grupo, honestamente. Isso inclui procedimentos básicos diários, conhecidos desde o início do cristianismo: meditação, vigilância e oração (leia novamente os itens sobre esses assuntos).

• Uma leitura espírita de valor doutrinário;
• A meditação garante o reconhecimento dos nossos pontos fortes e fracos;
• A vigilância mental, de pensamentos e atos, permite a autodefesa com mais eficiência;
• A oração fortifica os laços espirituais com os espíritos protetores e recolhe as bênçãos divinas dos recursos de fortaleza espiritual para enfrentar os embates, não só da vida material, mas também da vida moral.

A vigilância é muito necessária, diante dos próprios defeitos e das influências exteriores que todos sabemos existir. Vigiar o quê? O comportamento mental, social e moral, sem dúvida. Quando vigiar? Em todos os momentos, na vigília, e preparando-se para os momentos de sono, quando o espírito emancipa-se do corpo e busca seus verdadeiros interesses. Como vigiar? Estando atento ao tipo de pensamento que abrigamos e quais os nossos interesses mais íntimos, apenas nossos, daquilo que desejamos ser realmente, o que queremos de verdade. É preciso saber quem somos na intimidade e não apenas o que mostramos para a sociedade. O melhor método é a meditação diária, para atender ao "Conhece-te a ti mesmo" da sabedoria antiga. A vigilância está intimamente ligada à meditação.

A prece é o recurso adequado para angariar ajuda diante de nossas deficiências morais. Pela prece nos ligamos aos espíritos superiores, que são arautos de Deus e que então podem aproximar-se mais de nós por afinidade moral. A meditação dá condições especiais para a emissão da prece, porque ela acalma a mente, que, tranquila, mantém o pensamento firme e sem variações, o que fortalece a sua emissão. Quando pensamos muitas coisas ao mesmo tempo, esses pensamentos estão fracos, pois não têm consistência. O pensamento único, sim, é forte e de frequência poderosa, conseguindo emitir ondas mentais curtas, penetrantes e de longo alcance. O hábito da prece também favorece muito a afinidade com os bons espíritos. Muitas de nossas deficiências morais são praticamente neutralizadas pela prece, quando ela permite que boas referências espirituais sejam absorvidas por nós; garante-nos também muita força moral, livrando-nos ainda de momentos difíceis.

Em resumo, com o exercício da meditação, da vigilância e da prece, a periferia da nossa psicosfera mantém-se tranquila, em paz, apenas com pensamentos desejáveis, úteis e precisos. Isso faz com que a ordem interna[7] transcenda em nós, de dentro para fora, favorecendo a nossa presença na caridade e na presença moral junto à humanidade, a partir dos próximos mais próximos, que são os nossos familiares, depois com os que sofrem nossa influência pessoal. Podemos medir esse potencial pelo número de pessoas que conseguimos induzir ou influenciar para o bem.

85 – *Choque Psíquico* – Esses procedimentos individuais, descritos acima, evitam também o que chamamos de *choque psíquico*. Tentaremos explicar: quando recebemos uma notícia grave, ruim, ou participamos de algo trágico, mesmo que seja a perda de um ente querido, abrimos vórtices psíquicos que se comunicam com situações semelhantes vividas anteriormente, mesmo em outras existências, quando tivemos participação efetiva e

---

[7] Ordem interna: A lei de Deus está escrita em nossa consciência. – Pergunta 621 de *O livro dos espíritos*.

criamos desafetos perigosos. Essas situações podem voltar à tona, fazendo com que esses desafetos ou situações desabrochem de modo desastroso para a vida atual. De modo mais categórico, podemos verificar isso nos transes patológicos do desencadeamento das psicoses, descrito nos principais compêndios médicos. Por outro lado, catalogamos muitos médiuns que foram praticamente neutralizados por se deixarem levar pelo 'susto', que estamos chamandos de *choque psíquico*. Recentemente, uma das médiuns que se dedica às nossas pesquisas, ao receber uma notícia trágica, quase entrou em pânico. Nesse momento de perturbação, veio-lhe imediatamente em seu socorro um amigo espiritual, que lhe disse: "Calma, não é assim tão ruim, calma, tranquilize-se. Estamos ajudando". Isso a acalmou e ela pôde ajudar melhor em estado de serenidade.

86 – *Reunião de Apoio e Sustentação Espiritual do Grupo* – Parece-nos imprescindível tal reunião, onde devem estar reunidos, pelo menos uma vez por mês, ou semanalmente, se for o caso, pessoas que amam o centro, suas tarefas suas obrigações. Um número de cinco pessoas está bom, dois doutrinadores e três médiuns. Nessa reunião, de vigilância espiritual, devem ser considerados não só os problemas da instituição, mas também aqueles companheiros que têm dificuldades. Nunca para trocar impressões pessoais, mas para preces e percepções úteis a serem utilizadas posteriormente. Os problemas devem ser considerados individual e objetivamente. Tudo deve ser devidamente anotado. Os resultados não se farão esperar. As melhorias espirituais logo trarão novo ânimo para o grupo. As sombras serão afastadas e um ambiente de luz facilitará a recepção das mais puras intuições divinas.

87 – *Auto-avaliação do grupo* – Todos os assuntos ligados à harmonia do grupo devem ser discutidos e tratados de modo fraternal, nunca com patrulhamento pessoal, seja da parte de quem for. Os assuntos que interessam ao grupo surgirão normalmente, e cada um deve ser tratado devidamente, no momento próprio. O companheiro que estiver sem razão deve reconhecer o seu erro e procurar maior vigilância. A incompetência moral de um não deve por todo o serviço a perder e ninguém deve ser acusado dos processos obsessivos instalados nos invigilantes. Lembremo-nos

de que estamos num mundo de provas e expiações e que todos temos defeitos, mas que a boa vontade em reconhecer os próprios erros é uma virtude e só trará mais respeito a quem assim agir. Dizer que não sabe ou reconhecer que está equivocado são atos de honestidade.

❦ Exercício 24

Abrir um prontuário para cada um dos componentes do grupo, com o objetivo de acompanhamento sério e necessário da evolução medianímica, mesmo dos dirigentes, doutrinadores, passistas e outros médiuns, de todos. Esse procedimentos facilita a auto-avaliação individual e do próprio grupo:

Individual – função, tipo de medianimidade, crescimento espiritual e medianímico, possibilidades e alcance psíquico, atitudes favoráveis e desfavoráveis, etc.

Grupal – capacidade de atendimento aos problemas propostos; anualmente deve ser realizada uma estatística baseada nas realizações do grupo; os números alcançados e a gravidade dos assuntos abordados falarão alto sobre o nível espiritual do grupo, como, por exemplo, atendimentos aos grandes sofredores, aos desesperados, aos suicidas, aos doentes de toda sorte, e assim por diante. A mesmice dos atendimentos, nos casos de atendimentos a espíritos que se dizem sofredores sem nenhuma definição, indica que o grupo não participa com consciência do que realiza e está descredenciado para os casos que exigem maior perícia e competência.

CAPÍTULO 12
MEDIUNIDADE E MAGNETISMO

88 – Em primeiro lugar, precisamos esclarecer melhor, para nós mesmos, sobre os mecanismos da prece, visando à sua utilização com maior competência. De um modo geral, o espírita precisa saber aproveitar mais a energia desprendida na prece. No capítulo anterior foi proposto uma atitude muito coerente para ótima emissão do pensamento em prece. Agora é necessário que o grupo saiba aproveitar bem a prece coletiva a partir de procedimentos bem simples e reprodutíveis. Como temos insistido, sempre há necessidade de treinamento, contando, é claro, com a boa vontade de todos. Como um exemplo bem inteligível, comecemos pela prece inicial das nossas reuniões mediúnicas. Geralmente, o dirigente da reunião faz uma leitura doutrinária e logo depois faz a prece inicial, dando início aos trabalhos. Ora, num grupo mediúnico pode-se fazer e obter muito mais:

A ENERGIA DA PRECE

a – O dirigente deve pedir a todos que acompanhem com atenção a leitura preparatória, que deve também ser curta e objetiva. Esse procedimento dá início à formação de um campo psíquico harmonizado, que, por sua vez, já é esperado pela mesma natureza de propósito de todos os presentes.

b – O dirigente deve ter, de modo antecipado, todos os itens que serão mencionados na prece, como, por exemplo: a – proteção divina para os trabalhos e para o ambiente; b – invocação dos bons espíritos interessados nas tarefas; c – recurso para alguma situação de interesse geral do grupo.

c – O dirigente pede a todos que se concentrem (atenção e recolhimento) no que ele vai falar na prece e que sejam memorizadas todas as percepções obtidas, relacionadas com o que se pediu na prece.

d – Logo depois da prece, o dirigente verifica se todos os médiuns estão devidamente lúcidos e a cada um deles faz as perguntas sobre o que perceberam na ordem dos itens mencionados na prece. Tudo deve ser anotado por um dos participantes ou secretário.

Os resultados são excelentes. A partir daí, o dirigente dá prosseguimento à sessão. A principal vantagem é a formação de um poderoso campo de energia, onde todos os que conseguiram participar de sua formação usufruem dos benefícios. O dirigente tem o controle da força e seu comando indicará a direção e o sentido dos raios psíquicos de varredura que sairão do grupo. Portanto, cada um dos componentes deve estar atento para não buscar outros objetivos particulares, senão, estará fora do campo de força. Caso alguém queira alguma ajuda particular, deve solicitar antes do início da sessão.

Campo Psíquico

89 – Conforme já nos ensinou o espírito André Luiz, em seu livro *Nos domínios da mediunidade* (Cap. VII – "Condução das Correntes"):

> No reaproveitamento da corrente mental, no circuito mediúnico, são necessários instrumentos receptores capazes de atender às exigências da emissão, para qualquer serviço de essência elevada, compreendendo-se, desse modo, que a corrente líquida, a corrente elétrica e a corrente mental dependem, nos seus efeitos, da condução que se lhes imprima.

Organizado o campo psíquico, firmado na união de propósitos e pensamentos correlatos dos partícipes, no momento em que o dirigente determina a tarefa a ser realizada, fortes conecções mentais formar-se-ão e potencializarão a cada um em suas peculiaridades medianímicas, facilitando a ação diretiva e condutora dos dirigentes espirituais do trabalho. Quanto mais o grupo souber, cientificamente, utilizar suas forças, melhores resultados obterá e maior incentivo encontrará para continuar no serviço sem esmorecimentos.

Quando o dirigente, por exemplo, pede para que todos irradiem seus pensamentos em direção a alguém, desse campo de força sairá um feixe de energia que inexoravelmente atingirá o objetivo. Os médiuns que estiverem atentos e com possibilidades verão esses fluidos serem manipulados pelos espíritos, podendo, inclusive, predizer os seus efeitos. Aliás, os médiuns podem perfeitamente perceber a formação do campo de força unindo as mentes de todos e os destinos dados às forças conjugadas conseguidas.

Caderno de Preces

90 – Outro recurso prático para atender a um maior número de pessoas ou situações é o caderno de preces, que muitos espíritas não têm dado o devido valor. Pois bem, ao perguntarmos aos orientadores espirituais sobre o valor desse recurso e quantas vezes dever-se-ia anotar os nomes dos enfermos ou pessoas necessitadas, eles responderam, por uma das médiuns do Círculo de Pesquisa Espírita, que inicialmente precisávamos entender o mecanismo de funcionamento do caderno de preces. Quando – disseram eles – alguém anota um nome no caderno e está realmente imbuído de ajudar, auxiliar, com compaixão daquele por quem pede, esse sentimento é que é anotado. Caso contrário, quando um nome é colocado ali apenas por desencargo de consciência, não há a força indutora do sentimento.

Para ilustrar essa questão, uma das nossas médiuns, cuja residência é em outra localidade, sempre chega quase em cima da hora e quase nunca dá tempo de preencher os prontuários. Um dia resolveu colocar o nome de um amigo muito doente, que já vinha enfermando há algum tempo, no caderno de preces, visto que não conseguia espaço para uma orientação mais precisa. Passou a fazer isso e foi acompanhando a evolução do caso. O rapaz recuperou-se e ela então notificou o caso ao grupo, a título de estudo. Aí está a condição básica para o funcionamento do caderno de preces, que deve ser explicada para todos os que quiserem dele se utilizar, seja na reunião mediúnica ou na reunião doutrinária do grupo.

O Passe

91 – Uma sugestão que queremos registrar aqui é que cada grupo faça um acompanhamento dos candidatos a passistas para verificação das possibilidades energéticas da equipe. Não se deve trabalhar de modo quase que inconsciente nessa tarefa de tanta importância na instituição. Melhor dizendo, alhures dizem que todos podem doar suas energias nos passes, que todos podem dar passes, mas se temos condições de selecionar uma equipe especializada, por que não equipar o grupo com um trabalho organizado e consciente? Se os passistas forem pessoas dotadas de capacidade magnetizadora e seus fluidos puderem ser melhor manipulados pelo espíritos, a tarefa caminhará para êxitos mais constantes. Essa equipe deve ser formada de pessoas cuja reforma moral seja evidente e que sejam imbuídas dos melhores propósitos de ajudar, desenvolvendo em si mesmas o sentimento piedoso da caridade, que envolve o próximo em luzes puras. Que sejam receptores dos fluidos mais puros vindos do alto. Somente a boa vontade, a humildade, a dedicação e a devoção dão tais condições. Do contrário, todas as vezes em que o passista despreparado for doar suas energias, os espíritos benfeitores terão de gastar tempo e energia para colocá-lo em condições, ou então anulá-lo do campo de força, porque, na formação do ambiente para o passe, coletivo ou não, há também a necessidade de movimentação de energias acumuladas.

Isso dá chance de tocarmos em outro assunto que é o medo de alguns passistas quanto a perderem suas forças. Não se precisa tomar passes depois de aplicá-los. Estando o passista participando do campo energético formado, ele é um dos primeiros a receber os recursos divinos. A formação do campo de força na tarefa do passe potencializa todos os passistas e isso indica que, ali naquele ambiente, não haverá passista com forças superiores às dos outros. Os pacientes devem ser avisados disso, para que não fiquem escolhendo com qual passista devam estar. Tudo isso é muito interessante para um comportamento científico, diante do conhecimento espírita.

Não se deve preconizar regimes especiais para passistas, nem para ninguém, em tarefa alguma, pois todos os trabalhadores espíritas devem ter um comportamento sóbrio, em tudo. A sobriedade deve fazer parte da vida do servidor espírita, não só no comer, mas no falar, no pensar, no vestir, no sexo, enfim, no viver. Regimes só servem para criar sistemas de patrulhamentos; alguns chegam a ser semelhantes aos dos fanáticos religiosos. Como exemplo de sobriedade, explicando mais um pouco, se um servidor espírita participa da tarefas do passe, ele deve saber que sua alimentação deve ser saudável, não deve fumar ou ingerir bebidas alcoólicas para não se intoxicar, seu nível mental deve ser sempre o dos bons propósitos. Alguns dirigentes alegam que precisam preconizar regimes por causa da disciplina. Ora, aquele que não se esforça para manter um padrão de sobriedade aceitável, não deve participar, precisa mais é de ajuda. Não estamos querendo aqui criar grupo de 'santos', mas organizar nossas equipes com homens e mulheres de bem, na seriedade que os serviços espíritas merecem.

92 – Para a vasta literatura sobre o passe no Brasil, entretanto, verificamos que os confrades ainda permanecem indecisos nas técnicas de aplicação. Aqui existem duas situações, uma, a do passe coletivo, outra, a do individual. Mas o grupo que estuda deve partir para observar o funcionamento, o mecanismo, a movimentação de fluidos. Imaginamos que um grupo já possa contar com videntes, perceptivos, cristestésicos, e outros médiuns cujas percepções possam definir alguma coisa. Na instituição espírita, deve existir uma equipe de passistas treinados, que perceba as necessidades dos pacientes, do ambiente, das situações de cada sessão. Obviamente que, se não houver trabalhadores suficientes e adequados, lança-se mão dos que se apresentem de boa vontade, mas que podemos manter um serviço bem mais consciente em nossas instituições, isso podemos. No caso do passe individual, uma equipe de três pessoas seria interessante para a tarefa. Caso não haja três pessoas, duas servem, senão uma mesmo, vai à casa do paciente ou no próprio centro e aplique o passe, sem

nenhum receio. Quando somos chamados a atender o doente, de qualquer espécie, até mesmo os obsediados, não devemos negar a visita, esteja o paciente onde estiver, contudo, o melhor caminho é orientar o paciente e os familiares para buscar o ambiente do centro.

🌀 Exercício 25

Que se faça o seguinte experimento. Escolha uma das pessoas do próprio grupo que esteja precisando do passe e o dirigente escolha dois passistas reconhecidamente videntes. Aplicam-se os passes, os dois passistas ao mesmo tempo. Os próprios passistas devem perceber o momento em que termina a movimentação de fluidos e terminar o passes, não há tempo a ser estipulado. Quando tudo estiver terminado, o dirigente pergunta aos passistas o que perceberam: se o paciente realmente estava precisando de passe, por que, quais as necessidades do paciente, e um possível diagnóstico. Depois, pergunta-se ao paciente o que sentiu e se confirma ou não o que os passistas sentiram e perceberam. Serão experimentos esclarecedores. Quando, em nosso Círculo de Pesquisa Espírita, experimentamos algo semelhante, verificamos que alguns passistas chegavam a afirmar que o paciente não havia absorvido nada e nada faria com as orientações recebidas, o que foi confirmado depois. Outros diziam que haveria melhora significativa, pois o paciente estava contrito intimamente, aceitando as condições de esclarecimento e orientações espirituais. Para complementação dessas orientações sobre o passe, sugerimos a leitura do nosso trabalho *Magnetismo curador* (Palhano Jr. & Souza, 1993).

Autoenergização

93 – Deitado de costas, em estado de completo relaxamento, com os músculos bem frouxos, respire de modo ritmado e calmo, observando bem a si mesmo inalando e exalando o ar. Sabe-se que uma respiração perfeita e completa permite que o oxigênio alcance todas as células do corpo, fazendo com que haja produção máxima de energia, proveniente da combustão dos hi-

drocarbonetos (glicose) a nível de mitocôndrias (organela celular responsável pela troca de íons). Consciente disso, ao inalar o ar, conjugue o pensamento *energia*; mantenha um pouco o ar e exale, pensando *paz, harmonia*. Esse primeiro passo é uma espécie de autoenergização, que pode ser feito, por exemplo, dez minutos antes de alguma tarefa que se sabe de antemão que vai ser estafante.

Ao se sentir bem energizado, coloque as duas mãos acima da cabeça, sinta que houve uma conexão (às vezes não se sente nada) e vá descendo as mãos até a parte do corpo que está enferma, ou até onde as mãos alcançarem. Mantenha o pensamento de que sempre energias renovadoras fluem pelos braços, pelas pontas dos dedos, penetrando no corpo até o ponto afetado, curando-o. Alguns recomendam colocar ambas as mãos sobre a parte doente do corpo e então respiram ritmicamente, mantendo a imagem mental de que realmente está transmitindo ao órgão enfermo as energias estimulantes e curativas. Finalmente o pensamento é tudo, está na base de tudo, quanto maior for nossa convicção e firmeza mental, melhores resultados teremos (Palhano Jr. & Souza, 1993; Arora, 1992; Ramacharaka, 1918).

A Água como Veículo Energético

94 – A água pode ser utilizada na prática espírita de três modos diferentes:

a – água fluidificada;
b – água magnetizada;
c – água transubstanciada.

A mais comumente usada é a água fluidificada, mas é possível que, com o tempo, os espíritas reaprendam o manejo da magnetização mesmérica da água.

a – *Água fluidificada*: normalmente, pede-se aos espíritos benfeitores que fluidifiquem as águas depositadas nos recipientes, aproveitando um momento de prece. Realmente, isso acontece, visto por vários médiuns em nossas pesquisas. Todos os bons fluidos acumulados no ambiente vão se condensando nas águas, penetrando-as de modo intermolecular, impregnando-as. Um esclarecimento que tivemos quando fazíamos um experimento com água fluidificada foi muito interessante. Os espíritos assistentes colocaram-se próximos dos médiuns que deveriam ceder fluidos para o processo e fizeram como que uma limpeza perispirítica neles, para depois deixar que liberassem seus fluidos, suas energias que, acumuladas e misturadas com os recursos espirituais, iriam impregnar as águas. Perguntamos por que essa necessidade de limpeza dos médiuns, e eles responderam que havia necessidade de retirar quaisquer resíduos inertes e indefinidos, visto que a água é um poderoso veículo e solvente de substâncias, capaz de absorver e veicular os mais diferentes fluidos. Aqui, sob a proteção divina, desejavam que apenas fluidos purificados atingissem as águas.

b – *Água magnetizada* – A ideia de magnetizar a água foi divulgada por Mesmer com sua 'tina magnética'. Tratava-se de um recipiente redondo com água até a metade. No fundo da tina eram colocadas garrafas com água magnetizada dispostas em filas, com os gargalos convergindo para o centro. Na tampa havia furos nos quais eram colocados bastões de ferro inclinados, de modo a ser possível aplicá-los às partes doentes do corpo do paciente. Uma corda em disposição semelhante era usada para o mesmo fim (Palhano Jr. & Souza *Magnetismo curador*).

Para magnetizar a água, basta que um ou mais passistas estendam suas mãos sobre o recipiente com água límpida, filtrada e fresca, e queiram, com uma vontade firme, que seus fluidos curadores passem para a água. A prece pode ser realizada concomitantemente, visto que os bons espíritos sempre estão prontos para atender-nos nas solicitações do bem.

c – *Água transubstanciada* – Muitas vezes temos presenciado a mudança de odores e no paladar da água colocada para fluidificar, inclusive surgindo gosto de certos remédios. Kardec (*O livro dos médiuns*, cap. VIII, nº 131) disse que: a mente atuante é a do magnetizador, que na maioria das vezes é assistido por um espírito desencarnado. Ele opera a transmutação por meio do fluido magnético que, como já dissemos, é a substância que mais se aproxima da matéria cósmica ou elemento universal. E se ele pode produzir uma modificação nas propriedades da água, pode igualmente fazê-lo no tocante aos fluidos orgânicos, do que resulta o efeito curativo da ação magnética convenientemente dirigida.

❧ Exercício 26

Em reunião com os médiuns, colocar três copos com água; um com água gelada, outro com água fresca, e o terceiro com água fresca mas com o copo tampado. Cada copo desse deve ser destinado a uma pessoa no ambiente que esteja precisando de tomar água fluidificada. Pedir em preces aos espíritos que providenciem a fluidificação das águas e, se possível, mostrem aos médiuns o que se passa. Naturalmente eles têm recursos para fluidificar as três águas, mas é um experimento interessante para confirmação da movimentação energética e um momento para ouvir o que os espíritos têm a dizer a respeito. Muitos efeitos podem ser observados, tanto a nível psíquico, quanto a nível material, caso as propriedades da água sejam modificadas. Os copos devem estar bem secos e devem ser examinados por todos, antes do experimento, para que não surjam dúvidas.

Conclusões

Na segurança de cada um dos participantes têm-se a segurança e definição energética do grupo. Passo a passo, com as orientações kardequianas e as demais que vieram posteriormente por espíritas e médiuns experimentados e estudiosos, é possível que o grupo adquira segurança suficiente para proceder a uma invocação, por exemplo. Ouvindo os espíritas, nas diversas oportunidades de convívio, sentimos claramente um certo receio nos procedimentos de invocação dos espíritos. No entanto, é preciso lembrar que, no próprio nome de *O livro dos médiuns*, a orientação vem sugerida "Guia dos médiuns e dos evocadores".

Um bom exercício de invocação está justamente na prece inicial dos trabalhos mediúnicos. Quando o dirigente da reunião solicita a Deus que envie os bons espíritos ou os chama ao ambiente em nome de Deus. Diante da seriedade dos trabalhos, esses espíritos bondosos vêm e se apresentam. Para verificar isso basta que o dirigente peça aos médiuns que relatem suas percepções durante a prece. É certo que alguns médiuns hão de perceber, de um modo ou de outro, a presença desses espíritos.

Para maior segurança nessa questão, todas as vezes em que houver necessidade de se ter notícia de um falecido, seja para ajudá-lo ou para consolar um parente, o dirigente não deve chamá-lo diretamente, mas determinar que se faça uma prece para o dito falecido, pedindo que os dirigentes espirituais, dentro das possibilidades, dêem notícias ou mesmo possibilitem a sua presença no ambiente. Pode-se estar certo: haverá uma resposta e algum dos médiuns perceberá algo relacionado, e, se o espírito lembrado estiver em condições de participar, ele o fará. Não há motivos para receios. Contudo, é preciso lembrar também, nesse campo, que, todas as vezes em que oramos por um obsediado, é inevitável que o seu obsessor venha estar conosco para saber quem está se intrometendo. Esse é um tipo de invocação. Quando falamos de alguém, bem ou mal, invocamos, no mínimo, as projeções de seus pensamentos (pergunta 420 de *O livro dos espíritos*). Por outro lado, quando alguém se dirige aos trabalhos pensando em saber de alguém, já existe uma invocação. Essa questão foi aqui lembrada apenas como um exemplo para procedimentos, mas deve ser assunto para um espaço maior.

Na prática da mediunidade, não podemos olvidar o próprio equilíbrio, assim o item *meditação* não pode ser esquecido, mas não só ele, como também a vigilância e a oração, tanto individual quanto coletiva. Quando a prática da oração, objetivando-se o máximo aproveitamento da energia movimentada na prece, é realizada em grupo, consegue-se a formação de um poderoso 'campo de força psíquica'. Esse campo contém os recursos de recepção e emissão de energia mental, seja na defesa ou no emprego da força para quaisquer atividades que se queira ajudar: o próprio ambiente, um doente, companheiros necessitados, etc.

O desenvolvimento mediúnico é automático, quando colocamos nossas energias em sintonia com os espíritos amigos que querem participar conosco das atividades, porque, nas interações psíquicas entre encarnados e entre encarnados e desencarnados, proporcionadas pela formação do campo de força psíquica, os mais fracos serão potencializados pelos mais fortes, nesse ou naquele setor do mundo psicofísico.

No desenvolvimento de nossas potencialidades espirituais, é de extrema necessidade que conheçamos a nós mesmos, o que realmente somos dentro dos planos de Deus, e qual a nossa verdadeira posição espiritual em relação a Ele e aos outros. O autoconhecimento é o passo final para a auto-realização, assim, o conhecimento espírita deve nos conduzir a um comportamento adequado. A ausência de auto-avaliação permite que nos enganemos a nós mesmos nas coisas mais insignificantes do comportamento. Nenhum de nós é responsável pelo outro. A "cada um segundo suas obras". Portanto, que cada um patrulhe a si mesmo e não aos outros, embora numa comunidade deva haver sempre disciplina e método de trabalho. Que essa disciplina seja dentro das regras da fraternidade, do dever e do respeito.

Um dos principais itens a ser estudado pelo espírita que deseja trabalhar com a mediunidade é o *transe*, porque o chamado transe mediúnico é apenas um tipo de transe. Não há por que misturar as coisas: o transe patológico é uma forma de transe, o transe hipnótico, o transe farmacógeno, o transe anímico, o transe mesmérico e o transe mediúnico são outras formas de transe. Para que possamos diferenciá-las é necessário que o *sujet* seja mantido sob observação protocolar, acompanhado, para depois poder ser orientado se seus recursos psíquicos são medianímicos ou não. Para isso estabelece-se um prontuário para cada um dos componentes de uma sessão, para o acompanhamento pessoal. Por exemplo, recentemente conseguimos perceber que uma das nossas médiuns só conseguia ter percepções seguras se ela mesma aplicasse o passe no paciente. Ela foi encaminhada para os serviços do passe. Com o conjunto dos prontuários de todos os participantes da sessão, torna-se possível fazer uma auto-avaliação do potencial do grupo.

Muitas conclusões foram obtidas, à medida que os encontros e cursos eram ministrados aos companheiros. Na prática mediúnica podem-se verificar muitos efeitos interessantes, com base na observação. Foi assim que concluímos, pela atenção que devemos ter com a surpresa do *choque psíquico*, que existiam fenômenos ainda não-catalogados, como, por exemplo, o de *imisção psíquica*, um tipo de psicoscopia no qual o médium penetra na intimidade do objetivo e nada lhe pode ser escondido, inclusive os pensamentos mais íntimos e todas as intenções, quando o objetivo é uma pessoa ou um espírito.

O que interessa, finalmente, é que procuremos conhecer e dominar os mecanismos da mediunidade para sermos competentes naquilo que fazemos, e não permanecermos inócuos diante da movimentação de forças tão grandes. Kardec abriu um campo imenso de pesquisa no campo psíquico, espiritual, moral, comportamental. Saibamos valorizar o trabalho do mestre lionês.

141

BIBLIOGRAFIA

AKSAKOF, ALEXANDER. *Animismo e espiritismo.* 3ª ed., Rio de Janeiro, FEB, Vol. I e II, 1978.

KARDEC, ALLAN. *Definições espíritas.* Apresentação e notas de L. Palhano Jr. 1ª ed., Niterói, Publicações Lachâtre, 1997.

_____. *O evangelho segundo o espiritismo.* Tradução de Salvador Gentile. 117ª ed., Araras, IDE, 1990.

_____. *A gênese.* Tradução de Guillon Ribeiro. 27ª ed., Rio de Janeiro, FEB, 1984.

_____. *O livro dos espíritos.* Tradução de Salvador Gentile. 96ª ed., Araras, IDE, 1995.

_____. *O livro dos médiuns.* Tradução de Guillon Ribeiro. 34ª ed., Rio de Janeiro, FEB, 1976.

ARORA, HARBANS LAL. *Ciência moderna sob a luz do yoga milenar.* 1ª ed., Fortaleza, ACEPY-EUFC, 1992.

BÍBLIA (A). Tradução de João Ferreira da Almeida. 7ª Imp., Rio de Janeiro, Imprensa Bíblica Brasileira, 1953.

BOZZANO, ERNESTO. *Fenômenos de "transporte".* Tradução de Francisco Klörs Werneck. São Paulo, Calvário. 1972.

_____. *Animismo ou espiritismo?* 3ª ed., Rio de Janeiro, FEB, 1982.

_____. *Xenoglossia, mediunidade poliglota.* Tradução de Guillon Ribeiro. 2ª ed., Rio de Janeiro, FEB, 1949.

_____. *Os enigmas da psicometria, dos fenômenos de telestesia.* Tradução de Manuel Quintão. Rio de Janeiro, FEB, 1949.

CERVIÑO, JAYME. *Além do inconsciente.* 1ª ed., Rio de Janeiro, FEB, 1968.

CHAVE BÍBLICA. Tradução de João Ferreira de Almeida. Rio de Janeiro, Sociedade Bíblica do Brasil. 1970.

CRAWFORD, W. J. *Mecânica psíquica.* Tradução de Haydée de Magalhães. São Paulo, LAKE, 1963.

CROOKES, WILLIAM. *Fatos espíritas.* 6ª ed., Rio de Janeiro, FEB, 1971.

FERREIRA, AURÉLIO BUARQUE DE HOLANDA. *Novo dicionário da língua portuguesa.* 2ª ed., Rio de Janeiro, Nova Fronteira, 1986.

PALHANO JR., LAMARTINE. *Transe e mediunidade.* (Apostila, curso ministrado pela FESPE). 1ª ed., Vitória, FESPE, 1992.

_____. *Eusapia, a "feiticeira".* 1ª ed., Rio de Janeiro, CELD, 1995.

_____. *Experimentações mediúnicas.* 1ª ed., Rio de Janeiro, CELD, 1996.

_____ & SILVA SOUZA, DALVA. *Magnetismo curador, instruções para o passe.* 1ª ed., Vitória, FESPE, 1993.

RAMACHARAKA, YOGI. *A ciência indu-yogi da respiração:* Manual completo da philosofia oriental sobre a respiração. 3ª ed., São Paulo, O Pensamento, 1918.

RANIERI, R.A. *Materializações luminosas.* 1ª ed., São Paulo, LAKE, 1956.

RICHET, CHARLES. *A grande esperança.* 2ª ed., São Paulo, LAKE, 1976.

SHARP, DARYL. *Léxico junguiano, dicionário de termos e conceitos.* Tradução de Raul Milanez. São Paulo, Cultrix, 1991.

VIEIRA, WALDO. *Conduta espírita.* 5ª ed., Rio de Janeiro, FEB, 1977.

XAVIER, FRANCISCO CÂNDIDO. *Missionários da luz.* Ditado pelo espírito André Luiz. 8ª ed. Rio de Janeiro: FEB, 1970.

_____. *Nos domínios da mediunidade.* Ditado pelo espírito André Luiz. 4ª ed., Rio de Janeiro, FEB, 1954.

_____ & VIEIRA, WALDO. *Evolução em dois mundos.* Ditado pelo espírito André Luiz. Rio de Janeiro, FEB, 1959.

_____. *Mecanismos da mediunidade.* Ditado pelo espírito André Luiz. 3ª ed., Rio de Janeiro, FEB, 1970.

LAMARTINE PALHANO JR.
(15.12.1946 - 14.11.2000)

Lamartine Palhano Júnior foi um dos mais brilhantes pesquisadores do espiritismo no Brasil. Natural de Coronel Fabriciano, MG, ainda criança mudou-se para a cidade de Vitória, ES. Adotou o espiritismo, na juventude, a partir de uma decisão consciente, nascida da reflexão e da convicção pessoal. Graduou-se em farmácia, realizou seu mestrado na área de bacteriologia e doutorou-se em ciências, pela Universidade Federal do Rio de Janeiro desenvolvendo intensa atividade acadêmica. Como cientista, realizou pesquisas em diferentes áreas, onde pomos destacar os seus estudos sobre a tuberculose para cujo diagnóstico desenvolveu diversas téctécnicas. Fruto dessas pesquisas, publicou inúmeros artigos em revistas científicas internacionais e apresentou-se em alguns congressos internacionais. Lecionou microbiologia na Universidade do Estado do Espírito Santo e patologia na Universidade Federal do Espírito Santo.

Do movimento espírita Palhano foi ativo participante, sendo inúmeras as instituições em que atuou, não apenas em Vitória, mas também em Niterói, cidade em que residiu durante seus cursos de mestrado e doutorado. Palhano deu inestimável contribuição em diversas áreas: pesquisa científica de cunho espírita: publicação de livros, apresentação em palestras, cursos e treinamentos que realizava com grande frequência. Como pesquisador, fundou e dirigiu a FESPE (Fundação Espírito-Santense de Pesquisa Espírita) e o CIPES (Círculo de Pesquisa Espírita de Vitória), instituições que se tornaram marco da pesquisa espírita no Brasil. É conhecida e aplicada por diversos grupos mediúnicos a técnica por ele desenvolvida que denominou "varredura psíquica". É notável a versatilidade da sua produção editorial espírita. Escreveu inúmeros livros infantis, outros na área da teologia espírita, diversas biografias de vultos espíritas (Palhano dava extrema importância à preservação da memória espírita, tendo, inclusive apoiado e incentivado o trabalho de diversos pesquisadores nessa área) e mesmo a literatura foi brindada com um excelente romance sobre José de Anchieta, que nos surpreendeu por suas excelentes qualidades literárias. Publicou alguns ensaios de cunho doutrinário e obras que se destinavam à divulgação do espiritismo junto ao público em geral. Sua grande contribuição foi na área da pesquisa mediúnica, cujas obras são fruto das pesquisas realizadas inicialmente na Federação Espírita do Espírito Santo, onde foi Diretor de Doutrina, posteriormente na Casa Espírita Cristã, em Vila Velha, e finalmente na FESPE e no CIPES. Há ainda algumas obras inéditas que já haviam sido concluídas por ocasião da sua desencarnação.

Não podemos esquecer outro aspecto da personalidade de Palhano, a afabilidade, o bom humor, o carinho e a disponibilidade para atender os que o buscavam, muitas vezes em detrimento da sua tranquilidade pessoal e familiar sempre com uma palavra de apoio, um conselho ou um esclarecimento. Esperamos que esse caro companheiro receba nossos pensamentos de gratidão e carinho nos novos planos em que se encontra.

OBRAS PUBLICADAS DE L. PALHANO JR.
Infanto-juvenis:
A estrela de Belém
Jesus aos 12 anos
João Batista, o profeta do Cristo
O pastorzinho de Belém
O pequeno espírita
O reino dos céus para os humildes
Rosma, o fantasma de Hydesville
Sonhos de Aurélio
Uma páscoa diferente
O velho Simeão

Teologia espírita:
A carta de Tiago
Aos efésios
Aos gálatas
Temas da teologia espírita

Biografias:
Dimensões da mediunidade
Dossiê Fénelon Barbosa
Dossiê Jerônimo Ribeiro
Dossiê Peixotinho
Eusápia, a feiticeira
Experimentações mediúnicas
Mirabeli, um médium extraordinária

Autobiográfico:
Diário de um espírita

Romance:
As chaves do reino: seguindo os passes de Anchieta

Ensaios:
Espiritismo, religião natural
A imortalidade dos poetas mortos
A mediunidade no centro espírita
A verdade de Nostradamus

Pesquisa científica espírita:
Evocando os espíritos
Laudos espíritas da loucura
Magnetismo curador
Reuniões mediúnicas
Transe e mediunidade
Viagens psíquicas no tempo

Dicionário:
Dicionário de filosofia espírita
Léxico kardequiano

Tradução:
Definições espíritas

Série *Transe*

Transe e Mediunidade

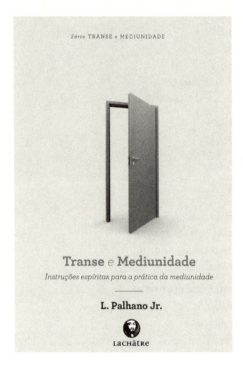

    Uma das mais importantes obras de L. Palhano Jr., o autor apresenta sua proposta de estruturação do trabalho mediúnico, com maior interação entre os planos espiritual e material e melhor compreensão dos fenômenos ocorridos.

    Fruto de anos de pesquisa, o livro fornece indispensável material para compreensão mais profunda das bases psíquicas da mediunidade, de seus mecanismos e de sua aplicabilidade.

e Mediunidade

Obsessão – assédio por espíritos

A obsessão é um dos mais graves problemas que assolam a humanidade, nos dias de hoje. A partir da vinculação que conseguem estabelecer com os homens, espíritos atrasados detém a capacidade de influenciar a humanidade das mais diversas formas para que os homens sofram ou façam outros sofrerem. Esse fenômeno, muito estudado e combatido pelo espiritismo, encontra nesta obra um dos mais profundos estudos, detalhando suas causas, a forma de atuação das entidades infelizes e fornecendo os elementos para que o problema seja definitivamente solucionado.

O Significado Oculto dos Sonhos

Com todo o avanço que a ciência contemporânea conquistou, uma pergunta tão simples que nos fazemos diariamente nunca teve resposta satisfatória: – O que significa o sonho que tive esta noite?

De posse de uma chave nunca antes utilizada pelos estudiosos do assunto, por puro e anticientífico preconceito, o conhecimento da dimensão espiritual do ser humano, o pesquisador L. Palhano Jr. consegue desvendar *O Significado Oculto dos Sonhos*.

Passe
– Magnetismo Curador –

A cura através da imposição das mãos é tão antiga quanto a humanidade. Com a descoberta do magnetismo animal, por Mesmer, sob o nome de passe magnético, a utilização das mãos no processo de cura passou a ter fundamentação científica. Como magnetizador, Allan Kardec também adotou o passe dentre as práticas espíritas.

Esta obra é um minucioso estudo do passe magnético e de sua utilização nas casas espíritas.

Conheça outras obras de L. Palhano Jr.:

O Livro da Prece

O livro da prece é o relato das experiências realizadas nos laboratórios do CIPES (Círculo de Pesquisa Espírita), tendo por objetivo explicar e comprovar a ação da prece. A partir dos estudos de Allan Kardec sobre o assunto, o autor revisa literatura especializada e descreve as experiências realizadas. A conclusão do trabalho não apenas reafirma a eficácia da prece, mas apresenta-nos condições para torná-la mais eficaz.

Conheça as obras de
Herminio C. Miranda:

Nossos Filhos são Espíritos
– 300 mil exemplares vendidos –

Nossos Filhos são Espíritos mostra que, além do corpinho frágil com que iniciamos nossas vidas, existe um espírito imortal, dotado de personalidade, maturidade e tendências que podem ser modificadas através da educação e dedicação dos pais. Leia e descubra como entender seu filho melhor.

A Memória e o Tempo

  Um mergulho apaixonante nos mistérios do tempo e de suas relações com a memória integral, utilizando a regressão de memória como técnica de pesquisa e instrumento de exploração dos arquivos indeléveis da mente. Com argúcia e clareza, o autor discute o conceito de tempo, reavalia os ensaios pioneiros com a hipnose, no século XIX, aborda as experiências de Albert de Rochas e as teorias de Freud, até chegar às modernas técnicas de terapia das vidas passadas.

Diversidade dos Carismas

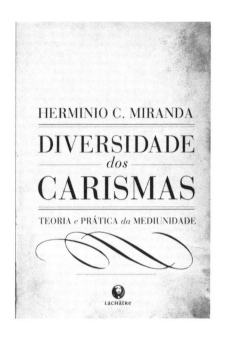

Uma das mais completas obras sobre mediunidade. Simples e didático, Herminio Miranda aborda aspectos complexos dos mais diferentes 'carismas', termo utilizado por Paulo de Tarso ao tratar dos fenômenos mediúnicos. Obra de referência sobre o assunto, escrita por um de seus maiores especialistas.

Autismo
uma leitura espiritual

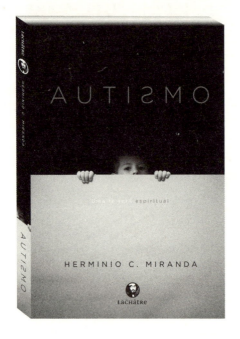

O autismo é um grande enigma para a medicina. Nesta obra, o autor parte da premissa de que o ser humano é um espírito imortal, que antecede a atual existência bem como lhe sobrevive à morte. Passeando por atualizada bibliografia sobre o assunto, chega a conclusões alentadoras.

O Evangelho Gnóstico de Tomé

　　Em seus dois primeiros séculos de existência, o cristianismo foi abalado por mais de uma centena de correntes filosóficas distintas. A mais perigosa para a igreja primitiva foi a dos gnósticos, da qual alguns textos chegaram até nós. O mais importante é o chamado *Evangelho de Tomé*, descoberto em 1945, no alto Egito, que o autor analisa, junto com um levantamento minucioso das crenças e posições do gnosticismo.

Yvonne Pereira
Uma heroína silenciosa

Leia também está biografia tecida com os fios do sentimento, registrando eloquentes lições de amor de quem superou as intempéries do destino, sublimando-o, e não sucumbiu frente às asparezas de uma estrada umedecida pelo limo do sofrimento. Lições de um amor vitorioso, heróico, que venceu séculos de descaminho, registrando na Terra a mensagem celestial.

Pelos caminhos da mediunidade serena
Yvonne Pereira

Entrevistar Yvonne Pereira, uma das mais notáveis médiuns de que se tem notícia, é a vontade de todos que entram em contato com suas obras.
Nas entrevistas que enfeixam o presente volume, Yvonne nos transforma em interlocutores privilegiados. Com opiniões firmes, profundo conhecimento da doutrina espírita e uma experiência mediúnica inigualável, a médium aborda temas como sofrimento, vida no mundo espiritual, suicídio, divórcio, mediunidade e obsessão.

Esta edição foi impressa em abril de 2021, sendo tiradas mil e quinhentas cópias, todas em formato fechado 140x210mm e com mancha de 100x171mm. Os papéis utilizados foram o Chamois Fine Dunas 70g/m² para o miolo e o Cartão Supremo Alta Alvura 300g/m² para a capa. O texto foi composto em Baskerville 11/13,2, os títulos foram compostos 24/28,8, as citações e as notas, em 9/10,8. A programação visual da capa foi elaborada por Andrei Polessi.